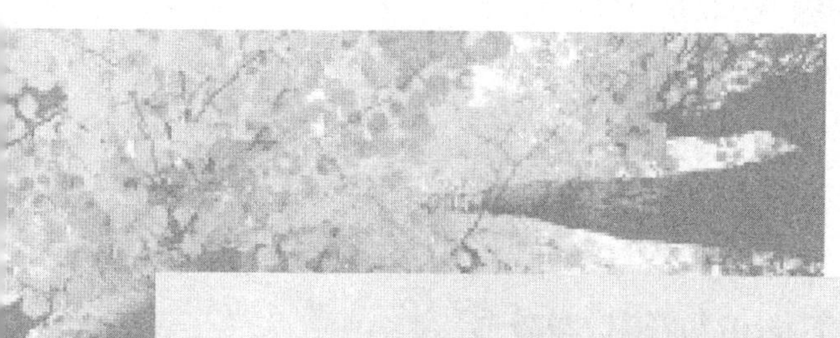

绿色文化建设读本

主编 / 铁 铮　　执行主编 / 田 阳

经济日报出版社

图书在版编目（CIP）数据

绿色文化建设读本 / 铁铮主编．—北京：经济日报出版社，2017.1

ISBN 978-7-5196-0092-1

Ⅰ．①绿… Ⅱ．①铁… Ⅲ．①文化事业—建设—中国—青年读物 Ⅳ．①G12-49

中国版本图书馆 CIP 数据核字（2017）第 022926 号

绿色文化建设读本

作　　者	铁　铮
责任编辑	杨保华　杨　頔
出版发行	经济日报出版社
地　　址	北京市西城区白纸坊东街 2 号经济日报社 A 座 710 （邮政编码：100054）
电　　话	010-63567683（编辑部） 010-63588446　63567692（发行部）
网　　址	www.edpbook.com.cn
E-mail	edpbook@126.com
经　　销	全国新华书店
印　　刷	北京天正元印务有限公司
开　　本	710×1000 毫米　1/16
印　　张	12.5
字　　数	145 千字
版　　次	2018 年 7 月第一版
印　　次	2018 年 7 月第一次印刷
书　　号	ISBN 978-7-5196-0092-1
定　　价	38.00 元

本书编委会

目 录
CONTENTS

第一章　绿色文化传播

绿色文化是人类与自然环境协同发展、和谐共进，并能使人类社会实现可持续发展的，一切与各种植物、绿色理念直接相关的，与生态环境保护关系较紧密的文化。绿色文化是人类为适应环境而创造的以绿色植物为主体、以绿色理念为内涵、以绿色行为为表象的所有文化现象的总和。它不仅是上述多种文化的综合表现，而且在这些文化的基础上进一步延伸，并且具有独特的内涵和发展，是一种新兴的、独立的、全面的文化类别。绿色文化的传播对于促进人类社会发展、促进生态环境保护和生态文明建设，均具有十分重要的意义。

一、绿色文化的概念与构成

近来，与生态、环境相关的各种文化现象层出不穷，研究者的提法不一，所用概念的内涵和外延也不尽相同，所强调的重点也不一样。笔者所界定的绿色文化，主要包括了三个组成部分：一是与森林文化、草原文化、花卉文化、生态文化、竹文化、茶文化、古树名木文化等所并行的以绿色植物为主体的，因植物和人类关系而产生的文化现象；二是由绿色植物文化衍生出来的相关文化现象，比如森林动物文化、木文化等等；三是渗透着以可持续发展、人与自然和谐为内核的科学发展观的多种文化现象。比如绿色的行为文化等。

绿色文化是一种综合的文化。其外延包括狩猎文化，与农业、林业、城市绿化以及所有的植物学科等相关的文化。绿色文化与其他相关文化的最大区别是：绿色文化既涉及物质方面的内容，又突出了绿色的理念；既针对植物为主体的客观世界进行研究，又强调人的主观意志；既包括以绿色植物为主体的群落和生态环境中产生的文化现象，又有很大的包容性、具有广阔的外延和拓展。

绿色文化的概念是一个非常宽泛的概念。它基本包含三层含义。第一层含义是，绿色文化是和绿色植物直接相关的文化。其中包括了花草文化、树木文化等，也应包括稻、麦、谷、油菜等农作物文化；第二层含义是，绿色文化涉及与绿色植物间接但紧密相关的文化。比如木文化。木文化与森林文化不同，是从森林的木材生产后所带来的文化现象，自然应该包含在绿色文化中。与此类似的还有“盆景文化”。但这里有个问题，“木文化”“盆景文化”不简单地等同于绿色文化。其衡量标准，正如前面所述，一定要看其是否对生态有意、是否护卫环境。山上砍树做盆景衍生的盆景文化就不是绿色文化。用滥砍滥伐来生产木材，尽管其产品非常美、能给人类带来很多便利，但这种“木文化”也不是绿色文化；第三层含义是，表面上看来和绿色植物没有直接的关系，但它渗透着人与自然的和谐发展、可持续发展、科学发展的理念。这样的文化现象，也属于绿色文化的范畴。比如绿色出行、垃圾分类回收等绿色生活方式衍生的绿色行为文化。步行、回收垃圾等和绿色植物没有什么关系，但它与绿色发展直接相关，属于绿色文化的第三层含义。

应该指出，绿色文化是这三者相加、相融之后形成的。如果只是强调其中的某一个方面，绿色文化就不全面，就会有偏颇之处。

二、绿色文化传播的主体与责任

绿色文化在传播中形成，在传播中发展。绿色文化的传播，起码有两个最基本的意思：一个是传播的内容属于上述的绿色文化范畴。这样就构成了绿色文化最基本的传播。比如传播生态知识、植树种草技术、生态保护理念、生态文明政策等等。以绿色文化为基本内容的传播，都属于绿色文化传播的范畴。但仅仅这样理解还不够。更重要的是，在传播的过程中是否符合绿色文化的基本理念。纵观现在的很多传播，可能传播的内容本身是绿色的，但却违背了绿色文化理念、或不利于绿色文化理念的传播。这样的传播，尽管传播的内容是与绿色有关，但它仍不属于绿色文化传播的范畴。

绿色文化传播的主体，有个体、有大众，有社会媒体，也有非政府组织。理论上讲，每个人都应该成为绿色文化传播的志愿者，都有责任和义务传播绿色文化。其中，媒体传播最为重要。尤其是现在已经进入媒介时代。媒体对社会、对公众影响十分巨大。因此，利用媒体进行绿色文化传播最为有效。动员、引导媒体从业人员加入绿色文化传播行列中来十分重要。他们起着至关重要的作用；“意见领袖”的作用不可小视。尤其是在互联网飞速发展的时代，明星、公众人物等都拥有可观的粉丝和追随者。他们的传播的确能够起到一呼百应、千应的效果；学生绿色志愿者是绿色文化传播的有生力量。他们富有朝气、充满活力，容易接受新生事物，对生态保护和生态文明事业具有热情和向往；政府官员是决策者和管理者，在绿色文化传播中也应该承担相应的责任；非政府组织是绿色文化传播的中坚。其成员多具有强烈的生态保护意识，具有前瞻性的生态文明理念，承担着绿色文化传播的重要使命。

绿色文化传播中最重要的是既要言传还要身教。绿色文化的传播者要以身作则，从而达到最佳的传播效果。现在有一种现象，就是在屋子里很环保、很绿色，或者在论坛上谈论问题时很环保、很绿色，但出了门之后、没有人在旁边时、落实到具体行到上，就不环保、不绿色了。做到知行统一非常难。这也正是绿色文化传播面临的艰巨任务之一。

组织传播在绿色传播中发挥着重要的作用。全球断电一小时活动就是非政府组织发起的，在世界上产生了很大的影响。在国外的许多城市，整个城市断电一小时。让人们在黑暗中体会节能减排的重要性，反思气候变化给社会带来的种种问题。这对绿色文化的传播有一定的推动作用。一些大学的生态保护社团在绿色文化传播中发挥着重要作用。组织的传播比个体传播、零散传播更有力量，行为更具有冲击力。因此，更应该特别的重视。组织的绿色文化传播既包括组织面向社会的绿色文化传播，也包括组织内部的绿色文化传播。

绿色文化传播更需要借助大众传播的力量。进入 21 世纪之后，实际上已经进入一个媒介的时代。没有一个人能够脱离媒介的包裹。人们的一言一行、一举一动都受着媒介的影响。媒介说好人们就跟着说好，媒介说不好大家可能就以为不好。在这种社会环境下，如果能借助大众传播的力量进行绿色传播，其效果会更加有效。

三、绿色文化传播的问题与表现

近年来，绿色文化的传播取得了一定的成绩，但还存在许多问题。主要表现在以下三个方面。

第一，绿色文化传播的总量不够。从世界范围看，专门传播绿色文化的社会媒体非常少。有一些报刊虽以传播绿色文化为己任，但都是专业性的、行业性的、学术性的，基本上都是行业内部人、专家学者看，在社会上对公众的影响力极其有限。在某种程度上，其传播具有较强的内向性。其传播的内容多是业内人士、专家学者熟悉的、了解的，那些应该知晓的受众反而看不到。社会公众所接触的多是社会性强的纸质、广播、电视、网络媒体等。而这些媒体绿色文化的内容较少。总体来看，绿色文化传播的数量不够、频度不够、深度不够。绿色内容、绿色信息所占的量在报道中微乎其微。这是一个特别普遍存在的问题。

第二，绿色文化传播的速度慢、时间非常滞后。比如地球熄灯一小时活动。这个事件的最佳传播时间应该是国外酝酿活动时就提早传播。这样可以影响和带动更多的人采取相应的活动。但多数媒体都是在事发之后才进行传播的。这种滞后传播的效果就差了许多。目前，媒体对许多绿色文化活动都是事后报道的，甚至过了好久才报道。因缺少必要的前期传播，使得绿色文化活动的效果大打折扣。

第三，传播的内容与绿色理念相悖。比如经常有媒体报道要清除“杂草”。这种提法和绿色文化不相符合。自然界并没有哪种草是杂草，只是相对于其他目的树种、目的植物来讲，是一种“杂草”。但在生态环境里，在多样性里，任何草都有它存在的价值；还有一个问题，就是在传播过程中过分强调“以人为本”。在社会学概念中“以人为本”是对的。但在人与自然的关系中，过分强调“以人为本”就不妥当了。比如某报报道“公共汽车撞树”，其关注点和着眼点是人是否受伤，而不是树是否被撞坏。事实上，人与自然是共荣共生的，都需要关注、关照；在传播过程中用一种倾向掩盖着另外一种倾向的，或者是掩盖着科学规律的也非常多。比如说某地山区春天降雪。有的媒体报道说“春雪贵如油”。这种提法并不科学。一方面降雪在一定程度上对缓解旱情来说是有帮助的，但对于刚刚返青的植物来说，可能容易造成冻伤。笼统地提“春雪贵如油”是不妥当的。某报头版头条的题目是《干毛巾也要挤出水来》，讲的是某公司精细化管理开展节能减排工作。但这个标题不符合绿色文化传播的理念。毛巾拧破了，水也不一定能拧出来，还会造成新的浪费。类似这样的报道和传播，目前来还有很多很多。

四、绿色文化传播的改进与强化

绿色文化传播对于生态文明建设、对于绿色事业的发展具有重大意义。如何改进和强化绿色传播，是当前社会面临的重要任务。笔者认为，强化和改进绿色文化传播要从三个方面入手、注意五个方面的问题。

绿色文化传播的改进和强化，首先需要社会上的重视、政府的投入。同时需要从三个方面入手：

一是努力吸引更多的大众传播媒介介入。大众传播媒介应该成为绿色文化传播的主体。大众传播媒介的力量是强大的，尤其是社会性的媒体更是如此。如何引导大众媒体加入绿色文化传播的行列是迫切需要解决的问题；

二是要特别重视发挥新媒体的作用。新媒体层出不穷，发展迅速，有很大的受众群，适应了社会的时尚，在绿色文化的传播中应该发挥重要的作用。微博、微信和客户端等多种新媒体，应该引起高度重视，充分发挥其在绿色传播中的作用；

三是要统筹发挥传统媒体的作用。传统媒体在现阶段仍具有一定的受众群，并且具有指向明确、制作成本低的优势。在提倡新的传播形式的同时，也不能忽视传统媒介所能发挥的作用。

在绿色文化传播中，需要注意五个方面的具体问题。

第一要通俗易懂。过于高深、过于专业、过于学术其传播效果都不好。要强调易得性，才容易被广大受众所接受。

第二要寓教于乐。多采用娱乐化形式进行传播，不要板着面孔训人。多采取老百姓喜闻乐见的形式，创造轻松愉快地接受信息的语境和氛围。

第三要重视与受众互动。互动传播的效果要比单向的传播要好。要想方设法调动受众接受信息的积极性，让其参与其中，而不仅仅是被动地接受信息。

第四要快捷迅速。当前社会已进入秒杀时代，传播速度决定着传播内容的生命。要尽量加快传播速度，争取在第一时间加以传播，适应受众对信息的多种需求。

第五要讲究贴近性。要从广大受众的角度入手，找到贴近受众的突破口。从受众的角度选择信息、筛选信息、报道信息，激励广大受众对绿色文化的兴趣和渴望。

（铁铮）

第二章　绿色新媒体

绿色发展是当今世界的重要趋势。许多国家都把发展绿色产业作为推动经济结构调整的重要举措，突出强调绿色理念。在绿色发展的浪潮之下，新媒体同样大有可为。近年来，我国新媒体建设保持稳健快速的发展态势，互联网用户尤其是移动用户增长强劲，呈现出各种新的应用和服务业态。微博、微信、大数据、云计算、移动互联网、社交媒体等已渗透到各领域，成为中国新媒体发展的热点，并将更加广泛和深入地影响社会发展的诸多方面。

一、绿色新媒体的特征与发展

阐释绿色新媒体内涵，首先要明确对新媒体的界定。所谓新媒体，是与传统媒体相比而言的动态、发展的相对概念，是指基于计算机技术、通信技术、数字广播等技术，通过互联网、无线通信网、数字广播电视网和卫星等渠道，以电脑、电视、手机、PDA 等设备为终端的媒体，能够实现个性化、互动化、细分化的传播方式。简言之，新媒体是指在新技术体系支持下的媒体形态。

在此基础上，我们可以定义绿色新媒体为基于绿色和谐、可持续发展等核心理念的新媒体空间，也是提倡绿色发展的新兴媒介形式和媒体综合全要素。作为绿色文化与新媒体相融合的媒体形态，绿色新媒体倡导绿色化理念，提倡以人为本，增进绿色沟通交流，引领积极向上、生态健康的网络新风尚。绿色新媒体具备新颖性、独特性等一系列新特点，成为新媒体发展领域中的新亮点。

（一）绿色新媒体的基本特征

绿色新媒体首先具备新媒体的一般性特征，同时又因其彰显绿色发展理念，还具有区别于一般性新媒体的绿色化特征。简要归纳起来，绿色新媒体的基本特征主要包括以下几个方面：

1. 传播主体的全民性。从传播者角度而言，绿色新媒体传播不再局限于机构、媒体单位，每一个公民都可以参与其中，并且能发表自己的评论。人人都有麦克风，人人都有话语权，全民参与。受众能够强烈地体会到参与感、主动性和积极性被调动起来，信息的互动性也使得受众实现被动到主动的改变。同时，每一个人不但是信息的接受者，更能成为绿色新闻的采集者和传播者。

2. 传播过程的即时、实时、全时性。绿色新媒体的信息传播打破了传统媒体定时传播规律的局限，传播者可利用移动互联网技术随时随地进行内容传播。绿色新媒体充分融合“绿色”要素和“新媒体”技术，新融合特点鲜明，随时随地互动表达、传递信息，发表个人见解，主动成为个人“意见领袖”，贴合度高，迎合人们休闲娱乐时间碎片化的需求，自由度和灵活度大大加强。

3. 传播行为的个性化。新兴自媒体的出现，使每个人都有机会成为信息发布者。公众不再受制于传统媒体设置的议题，信息开始爆炸。绿色新媒体紧跟科技发展步伐，适应了时下传媒界“微传播”的主流趋势：发布信息量大，受众群体广；互动性强，能快速有效地搜集消息，通过互动，线上发现问题解决问题。

4. 传播形式的丰富性。与传统媒体相比，绿色新媒体不仅支持用户传播文字、图片，还支持音频、视频等多媒体信息。绿色新媒体在传播形式方面更为丰富，文字、图像、声音等多媒体化成为一种趋势。各类内容可以交叉运用不同媒体形式予以传播，增强生动性、直观性、交互性。

5. 传播内容的绿色性。传播内容绿色性是指绿色新媒体传播以绿色文化为基础，以绿色发展理念为指导，以新媒体发展作为切入点，传播符合绿色发展要求的相关内容。传播内容绿色性要求，绿色新媒体将绿色内容传播与政治、经济、文化、社会内容的传播有机结合起来，突出绿色元素。

6. 传播方式的低碳化。传播方式绿色化是指新媒体的传播过程始终坚持低碳环保，推进纸质媒体的循环利用，更多利用网络等绿色技术进行数字化传播，杜绝传播方式的非绿色化倾向。同时精简传播内容，减少同质无效内容的简单传递，坚持社会性与生态性并重，追求传播效果的绿色化，发挥绿色传播的社会效益与生态效益。

（二）绿色新媒体的发展态势

绿色新媒体在快速发展过程中，形式多样的新媒体产品不断涌现。特别是物联网、云计算、移动智能终端等新兴产业的持续发展，微博、微信成为发展最快的新媒体应用，充分显示了绿色新媒体发展的无限活力与创新基因。其发展态势大致可以归纳为以下几个方面：

1. 突出绿色内容的微信爆发式发展。微信以其独特的传播圈子和深度的传播效果成为绿色新媒体行业的热点。微信的社交方式减少了因传统电话、短信、彩信等交流沟通形式所产生的高额费用，用户以较小的流量资费换取人际间最大化的交流频率。随着我国移动社交网民和微信公众平台账号数量大幅度增长，将进一步扩大绿色发展公共事件与生态环保社会热点话题的网民参与。绿色微信通过手机、QQ号等方式加入“交流圈”，催生新的独特圈子化传播模式；以人际关系和组织传播为特征，形成网上的圈子化部落。这种圈子传播具备的到达率、转发率、阅读率正不断蚕食传统媒体的影响力，提高以微信为代表的新媒体的影响力。

2. 绿色微博已成为民意表达、反映舆情的重要渠道。微博的发展使普通网民、草根生态环保组织具备了发声表达自己观点意见的渠道。同时，生态环保管理部门政府也借助政务微博及时向社会公众传递生态环保信息，加强对环境公共突发性事件的应对和处理，提高了绿色舆论引导效果。作为绿色新媒体的又一典型代表，微博凭借其彰显主流价值观立场的评论、贴近民生的生态话题、生态重大事件的应对等获得大量网民认可，进一步拓宽绿色主流声音传播途径，有效打通两个舆论场，成为影响绿色舆论格局的重要力量。

3. 云技术的日新月异，催生绿色新媒体着力提升以内容生产为核心的竞争力。云技术是绿色新媒体最具有基础性影响的核心技术。云技术的兴起，告别了传统的利用外部硬件存储数据的时代，降低购买存储硬件的支出，消费者以较低的价格获得数倍于传统硬件存储的“云空间”，再提高存储效率的同时节约成本。云技术革命性的改变传统技术构架，实现了计算能力、存储能力从终端向服务器的聚合，是资源整体利用效率大大提高，并逐渐对各行各业产生深远影响，也改变着绿色新媒体行业的发展格局。云技术的普及为绿色海量数据的积累提供了条件，使海量数据的生产、传播和相关业务运营更为便捷，推动生态环保“大数据”时代的到来。

4. 以大数据为代表的绿色新媒体新兴业态不断呈现。大数据主要指从各种各样类型的数据中快速获取有价值信息的能力，强调从海量数据、多样数据中提取微价值，强调数据获取、传递、处理、利用等层面的高速高效。大数据技术的应用，直接降低了使用者在海量数据中进行数据提取的难度和成本，提高了提取准确性，符合新媒体绿色化发展的趋势。大数据的发展不仅仅在于掌握庞大的数据信息，还在于对这些海量数据进行专业化处理，挖掘大数据的深层次价值，增强大数据服务绿色媒体发展的能力。

5. 移动终端后来居上，为绿色新媒体蓬勃发展提供新平台。移动终端的发展使用户告别了时空限制，随时随地享用互联网所带来的便利，避免了固定终端较高的使用成本和不可移动性的缺陷，大大提高使用效率，符合绿色新媒体的特征。无论是从移动电话等终端的普及率，还是从移动互联网用户的绝对数量、增长速度和使用频率，移动终端已具有了可观的用户群，成为覆盖广泛，超越以台式电脑为终端的网络媒体的数字化绿色新媒体。

二、绿色新媒体的功能与作用

绿色新媒体尤其是基于移动终端的绿色“微媒体”在传播中的功能与作用日益增强。

（一）绿色新媒体的功能

从功能的角度划分，绿色新媒体具备绿色信息整合、绿色议程设置等基本功能。

1. 绿色信息整合。通过信息技术、网络技术、通讯技术的发展，加之绿色新媒体全时、全民、全媒体、多渠道的传播特点，有助于绿色新媒体实现分散的绿色内容和信息资源的有效管理，通过持续积累成为绿色传播资源，方便受众使用查询。通过绿色信息整合，可以对绿色信息资源实施有效管理，实现绿色新媒体间的协同工作，为受众搭建个性化绿色信息平台，综合、统一利用现有绿色信息资源，提高绿色数据使用率。

2. 绿色议程设置。“议程设置”是指公众通过媒介知晓事件或问题，依媒介提示的角度思考，按照媒介对各种问题的重视程度来调整自己对这些问题重要性的看法。媒介对某一事物的强调程度同公众对同一事物的重视程度构成正比关系。绿色新媒体的快速发展以及在互动性上的高度完善，形成了连续的绿色议程设置功能，绿色新媒体借助“网状—链式”（点对点、点对面）的传播特征，形成了对每一绿色事件和消息的跟踪连续式议程设置效果。

3. 促进绿色事业发展。要实现绿色发展，必须不断对复杂的绿色事业实行协调管理，这种协调离不开媒体功能的发挥，绿色新媒体在其中也起着重要的作用。绿色新媒体是联络、沟通和协调绿色事业主体间关系的重要社会系统，它通过不同的渠道与方法，将社会各阶级与阶层的绿色而意见、观点表述出来，并引起他人的关注。协调绿色事业就是要使社会各阶层有平等交流的机会，相互认知和尊重，共同致力于社会的绿色发展。绿色而新媒体有关社会生态环境的报道、对破坏生态行为的关注等相关社会突出绿色问题的全民参与大讨论，反映了大部分社会群体的绿色利益要求，突出了绿色新媒体的协调功能。

4. 绿色舆论引导与危机处置。绿色新媒体是绿色事件舆论形成与发展的一大推手，也让社会舆论传播悄然间产生诸多新的变化，使其在舆论引导中占据特殊的位置。一方面，绿色新媒体时常成为绿色热点传播的发端。绿色新媒体的传播方式是双向的、复合的、互动的，社会公众既是绿色信息的接受者，同时也是绿色信息的发布者。绿色新媒体使社会个体方便地借用网络，安全自由地表达自己对社会某一事务的关注，并且形成一种虚拟的利益共同群体。另一方面，绿色新媒体可以将非规范的意见和舆论引导到适当的宣泄轨道，减少因信息发布沟通不畅造成的危机。在社会绿色危机事件中，利用绿色新媒体，自由表达愤怒和不满，发泄情绪，从而满足某种心理需求，在某种程度上缓解了民众在绿色危机中产生的心理压力。新媒体的这个特点具有消除大众恐慌和不满情绪的解压阀作用。

5. 环境监视。绿色新媒体环境监视的功能主要表现在，当出现重大事件时，公众希望通过绿色新媒体上获得更多的信息，以便指导自己的行动。为了满足公众的需求，绿色新媒体需要随时监视环境的变化，收集并传播各种相关的信息。在某些情况下，在一定阶段，绿色新媒体提供的不只是信息，还包括安抚。如果绿色新媒体的信息发布能够及时而全面地反映社会环境的动态变化，公众就可以依赖其来获知绿色事件和问题的最新情况。绿色新媒体在传播中应尽可能避免因受众对传播的误解而产生的消极、恐慌、排斥情绪。要积极传播正能量，动员受众积极参与到所传播的事件中来，引导受众提高对该事件的重视程度。

（二）绿色新媒体的作用

随着移动互联技术的迅猛发展，绿色新媒体的作用必将更完善、效率将更高，其在绿色文化传承发展中的作用也将日渐凸显，主要表现在对舆论传播格局的重构、对绿色文化载体形式的丰富、对绿色文化传播互动性、灵活性、目的性的增强等方面。

1. 重构多元的舆论传播格局。绿色新媒体对于传统传播格局最大的影响就是构建了多元而广泛的绿色舆论表达空间，绿色传播主体极其多样，绿色传播手段极大丰富。从广义的绿色信息和舆论传播角度来看，已经形成了绿色商业网站、绿色新闻网站和社交自媒体叠加影响的舆论传播格局。其中值得注意的是，从信息传播活跃度来看，微博、微信社交网络活跃度要远高于主流网站，绿色新媒体信息和舆论传播日趋多元化。

2. 丰富绿色文化载体形式。文化传播能力是文化软实力的重要体现。在数字化时代，新媒体已经成为连接知识产品与用户的新的传播媒介，文化知识传播插上了移动的翅膀，为文化软实力的提升提供了新的载体和途径。绿色新媒体的出现改变了传统媒体在绿色文化传播时的既有模式。绿色新媒体以传播绿色文化为核心，以受众认知为导向，以提升绿色文化层次为目的，以即时性、碎片化、全民性为依托，随时随地、每时每刻对受众进行绿色文化传播。同时，也为热衷于绿色事业的各类受众提供了广阔的绿色信息平台，为传播绿色文化提供了机遇，打开了人们了解绿色文化的智慧之门。

3. 增强绿色文化传播互动性。互动性是人类思想和知识交流最显著的特点之一。绿色新媒体通过互联网技术，在绿色知识生产者或绿色文化知识传播者和用户之间架起一座快捷、畅通的桥梁，通过这一桥梁实现互动、互通、互利。绿色新媒体以用户的阅读需求为导向，加大绿色虚拟资源的开发和利用，不断创新服务内容、服务理念和服务模式，提供用户所需的绿色信息服务，满足用户的绿色阅读需求。同时，绿色新媒体也接受用户反馈的绿色知识和信息，彼此在互动中相互补充、相互促进、共同受益。

4. 增强绿色文化知识传播灵活性。绿色新媒体继承了原有的绿色文化知识传播方式的优势，同时又突破了传统绿色信息传播方式的局限。绿色新媒体通过知识信息下载、上传、电子阅读等形式，使人们在不经意间进行阅读学习，绿色文化知识得到充分传播。同时，新的绿色文化知识传播方式可以不受时间和空间的限制，更加方便灵活。传播内容从简单的文本、数据、图像升级为传输更为生动复杂的信息，如音像、视频和无线多媒体等，绿色新媒体将强大的信息处理能力和不断变化的绿色文化知识传播媒介融合在了一起。

5. 增强绿色文化传播的目的性。绿色新媒体带来了绿色知识传播介质及方式的革命，数字电视、数字报纸、数字广播等快速融入人们的日常生活，人们的阅读习惯和知识获取方式也随之发生了巨大变化，用户可以通过移动终端查找和阅读新闻、报纸、图书、杂志等各种绿色信息资源。在对信息资源采集、加工、整理、存储、传播的过程中，利用新的通信技术文化可使绿色知识传播的速度更快，传播的信息量也更大。而且随着各种新型绿色信息服务模式的出现，绿色文化知识传播更具针对性和目的性，传播质量和效率进一步提高。

三、绿色新媒体需解决的问题

当前，绿色新媒体保持平稳快速的发展，移动端用户增势强劲，各种新的应用和服务不断呈现。创新融合、移动化、新技术等已渗透到各个领域。同时，绿色新媒体发展也面临着很多需要解决的问题，如模式创新、个人信息保护、数字安全等，这些问题的解决将关乎绿色新媒体的健康快速发展。

（一）虚假信息泛滥

绿色新媒体克服了传统媒体版面限制，降低了信息传播的门栏，使信息得爆炸式的增长。然而正是这样的增长速度使得信息良莠难辨，各种虚假信息严重影响人们的判断。而一些网络谣言的制造者为了引起关注则不惜捏造虚假新闻。如某些网络大V，利用网络的快捷传播与迅速扩散，造谣传谣形成所谓影响力，进而谋取不当利益成为网络“大谣”，在误导民众判断的同时也造成了社会的动荡不安。

（二）公民隐私难以保护

绿色新媒体可是一个言论相对自由的平台，人们在畅所欲言的同时也很容易形成网络暴力，即：一定规模的有组织的网民，在“道德、正义”等“正当性”的支撑下，利用网络平台向特定对象发起的群体性、非理性、大规模的、持续性的舆论攻击，以造成对被攻击对象人身、名誉、财产等权益损害的行为。这样的行为使得言论自由产生异化，“人肉搜索”成为一些人泄愤的途径，公民的隐私权变得难以维护。这样的行为，归根到底仍是侵犯了公民的隐私权，影响着公民的正常生活与学习，甚至会对当事人造成严重的侵害。

（三）侵权抄袭现象难以遏制

由于绿色新媒体上信息流通量大，审核能力有限，再加之在这个虚拟平台上通过网民的注册账号很难追查到本人，使得版权的维护变得举步维艰。大多数时候，人们仅仅只需要注册一个账号便可以任意复制、抄袭他人的言论，并在未经作者允许的情况下任意转播他人作品。这样的行为已然侵权，却由于提供了大量可供免费快捷下载的资料，使得很多人也乐于接受这样的“免费午餐”，从而形成了既有抄袭者复制，又有传阅者下载的环境，也使侵权现象在绿色而新媒体时代上成为一种大家“默认许可”的行为。

（四）监督困难，公信力较低

当前，中国已大幅超过美国，跃居成为世界第一网民大国。面对这样庞大的网民人数，要做好统计监督，必须经历一个长期的统计与规范过程。现今，政府对于绿色新媒体网络舆情的监督引导难度较大，仍然缺乏对于网络等新媒体的监督力与审核力，一些希望借助谣言来博得眼球的媒体便不顾职业道德，大量散布谣言假新闻，造成了网络信息真假难辨，网络缺失公信力的局面。

（五）相关法律法规相对滞后

受绿色新媒体广大的受众市场与几倍的利润回报的驱使，一些供应商便甘心以“人为财死”的方式追求眼前利益，无视法规法纪，向网络中大量投放、传播不良信息。尤其是在北上广等一线城市，大量缺乏相应资质的绿色新媒体可以根据需要肆意投放广告、信息，涉嫌违法经营。可以看出，在绿色新媒体的管理中，法规制度还不够完善，从而使牟取暴利的营运商罔顾社会责任，导致市场经营秩序无法得到维系。

四、绿色新媒体的运维策略

绿色新媒体的运维是一项系统性的工作，涉及多个方面的内容，既有品牌知名度、美誉度的打造，也有新旧媒体间的融合，还有优势平台的建立，更需要绿色优质内容的编排和推送，以上均缺一不可，互为补充。

（一）打造品牌知名度、美誉度

新媒体时代，受众对信息的注意从被动的接收逐渐转变成主动的搜索和分享，受众拥有更大的主动性。因此，那些具有品牌影响力、媒体形式创新的绿色新媒体会最先争取到大量的受众。对于绿色新媒体而言，打造自己的品牌力量，建立自己的品牌特色，提高品牌美誉度和知名度，是谋取更好、更长久的发展的前提和基础。

1. 准确定位，打造核心竞争力。传统媒体对于绿色新媒体最大的挑战在于其优质的品质和内容的权威性。绿色新媒体要想从传统媒体的包围中取得一席之地，要在自身的内容和服务建设上做足功夫。定位是媒体战略的核心，绿色新媒体只有建立起一种可长期保持的差异化时，才能胜出对手。准确地定位，是绿色新媒体品牌建设的基础保证。目前虽然涌现了一些绿色新媒体形态，但是由于它们之间差异化不明显，内容同质化比较严重，受众难以区分。绿色新媒体在进行内容推广时，应该找准自身定位。

2. 不断创新，寻求突破。绿色新媒体首先要在技术上保持创新，不断超越，为用户带来更多的体验和收益。其次是内容创新。目前，绿色新媒体多为相互间的简单模仿，在内容上没有大的突破，这必将成为其发展瓶颈。再次，是绿色新媒体盈利模式以及广告模式的创新。单一的广告盈利模式是不能适应绿色新媒体的长期发展，寻找更多的盈利渠道。同时，盈利模式也不能脱离广告的支持，要努力突破传统的广告模式和单纯的贴片广告形式。

3. 战略合作，共建品牌体系。绿色新媒体通过与其他传播机构建立深度战略合作伙伴关系，来扩大影响力。同时，也可以邀请专家、名人站台，利用名人效应为绿色新媒体的发展背书，累积无形资产。借此显示其媒体实力以及通过结盟站台增加用户黏度。此外，还可以通过“母品牌”带动“子品牌”的发展，扩展绿色新媒体的经营范围及盈利模式。在“母品牌”下集合众多“子品牌”。

（二）实现与传统媒体间融合推广

媒体之间的融合是新媒体时代传播规律的客观需求。当前，传统媒体在新媒体的冲击下，压力倍增，传统媒体纷纷推出新媒体战略，加速融合，拓展传播空间。而新媒体可以凭借技术优势整合传统媒体资源进行二次传播，从而引发又一轮传媒革命。绿色新媒体在其中更是赋予了新媒体的新的活力和绿色内涵。

要发挥绿色新媒体在绿色内容传播中的及时性与互动性。信息发布及时，受众广泛参与是绿色新媒体在传播过程中的一个很重要的特点，也是传统媒体无法比拟的一个优势。绿色新媒体拥有遍布全世界的草根网民和网络终端，可以即时获取第一手资料，及时发布。因此，绿色新媒体可以利用传统媒体的权威性积极，发挥自身的即时性和互动性，更快更真实地将绿色信息传递给亿万受众，推进全社会绿色事业的发展。

要注意网络民意收集与绿色素材加工。在这个多元化的时代，人们每天接触的信息成千上万，面对浩如烟海的信息如何筛选，这就需要绿色新媒体编辑具备一定的内容筛选能力。要按照传播规律办事，掌握相关的方针政策。在此基础上，对各类绿色信息进行合理有效的整合、优化、再创作，使发布的内容达到最佳的传播效果。

要发挥舆论引导，化解矛盾。绿色新媒体与传统媒体的融合为的是取长补短、发挥优势，取得传播效果的最大化。而媒体又是一种舆论工具，因此，坚持正确的舆论导向，积极引导公众舆论，凝聚社会力量，化解社会危机，是媒体不可推卸的责任。

（三）围绕优势资源，打造优势平台

绿色新媒体之间的竞争不是内容之争、渠道之争，而是平台之

争。而平台之争是一场胜者通吃的游戏，谁抢占了平台高地，谁就掌握了绿色信息传播的制高点和产业运营的制高点，其他角色将转变为服务于这个平台的内容或者服务的提供者。对于绿色新媒体来说，如果不能利用好自身的能力和优势，尽快完成向平台运营商的角色转换，很有可能在未来会沦为单纯的内容或者服务提供者。面对新媒体时代的竞争新态势和新规则，绿色新媒体再也不能继续以拥有内容或者控制渠道自满自得，而应该全力打造属于自己的运营平台。

同时，由于传播渠道和接收终端的增加和丰富，也由于新媒介消费碎片化和随机化特性的固化和凸显，平均每个用户增长对业务增长和收入增长的拉动作用明显钝化，一味地通过细分来满足用户偏好或者瞄准现有市场中不同用户群落提供不同营销组合的市场策略效用锐减。绿色新媒体要想保持业务和收入的持续增长，需要面向代表潜在需求的受众整体，通过合并细分市场，整合用户需求和内部资源，打通内部流程，再造组织架构，实施融合业务，最大限度地提升自己的核心能力，这就要求绿色新媒体打破以媒介或者部门为区隔、相互独立、各自为战、资源利用率低的运营惯例，建设以资源利用最优化、整体绩效最大化为目标，以业务流程为中轴，以用户为核心，以市场为导向的一体化运营平台，并在同一平台上设置多种出口，提供多种业务。

（四）深化绿色内容编排与推送

绿色内容的传播是绿色新媒体运营的核心要义。在内容为王的时代，优质的内容构成、精细的内容编排、及时高效的内容推送是绿色新媒体运营中制胜的关键所在，需要从以下几方面有针对性的展开：

1. 标题醒目，言之有物。绿色新媒体在传播标题的设置上要敢于出新，用形象生动的文字拉近与受众之间的距离。在表述上尽量做到通俗化，要避免空洞的大而空的套话，避免冗长拗口和面面俱到以及四平八稳的表达，要体现情怀，力争能够打动受众。据相关研究统计，通常一个醒目的标题可以为一篇报道贡献50%以上的点击率，标题的重要性不言而喻。

2. 内容为王，保持可读性。绿色新媒体在内容制作上要尽可能提炼干货，力求贴近性、原创性、生动性，避免内容的同质化，减少不必要的冗余信息。同时，绿色新媒体在内容制作中要牢牢抓住目标受众的心理特征，注重内容的趣味性、可读性和服务性，编排受众喜闻乐见的新知内容，增强绿色信息的影响力和感染力。

3. 打造原创栏目，保持内容新鲜度。绿色新媒体要在内容上更多策划原创专题，对某一热点事件进行持续的跟踪报道，开辟评论交流区，充分调动读者参与其中的积极性。同时，开设原创栏目和推荐栏目，用以吸引读者受众对绿色新媒体内容的持续关注。此外，还应重视创新和分享，做好头条栏目，保持内容质量不下降。通过推荐头条栏目，在不同绿色新媒体平台之间进行互推互动，使精彩内容在更大范围内和更高等级的平台上进行分享沟通。

4. 开展内容互动，扩大受众参与度。绿色新媒体在内容传播时可以进行鼓励评论，增加作者和读者间交流互动，这比简单地要求读者留下评论要好，在文内容结尾处设置问题以鼓励评论，引导强势读者讨论。绿色新媒体还可以将问题转换为内容，直接邀请读者提问，再公开回答问题，以创造新颖独特的内容，以此来强迫读者将注意力集中在最感兴趣的问题上，形成内容黏性。此外，绿色新媒体还可以通过在内容传播中互动、留言、投票等形式，扩大受众参与度。借助各类型活动进行绿色内容推广，增强线上线下互动频率，充分发挥绿色新媒体平台即时传播的优势。

5. 选准时机，精准推送。绿色新媒体在内容推送的时间上要把握好分寸，充分了解和掌握读者受众阅读习惯和信息需求。据“2014 中国数字阅读白皮书”的大数据显示，超四成用户有手机阅读习惯。数字阅读用户的碎片化阅读方式也非常显著。用户每天平均阅读时长为 21 分钟，床上、厕上、车上成主要阅读场景。9：00、12：00、20：00 成为一天中三个阅读高峰，睡前是活跃时段的最高峰。“零碎”和“临睡”时间都献给阅读。因此，绿色新媒体在内容推送时可以重点在以上三个时间段以及晚上睡前 11：00 左右进行内容推送。同时，根据阅读受众的年龄、性别、阅读习惯等特征对阅读受众进行分类，避免眉毛胡子一把抓，有针对性的推送精准的内容，提高推送实效。

（邢海涛）

第三章　绿色出版物

在生态文明和可持续发展的理念深入各领域的今天，出版业如何承担其环境责任，让出版变绿色，已成为全球出版业普遍关注的议题。出版行业是重要文化支柱产业，应争取做贯彻落实绿色发展理念的先行军。在此背景下，为克服出版业因为利润减少、过度包装等粗放发展的困境，应大力推广绿色出版，并主动承担环境保护责任，让出版物全面走向绿色。

一、绿色出版物的概念

绿色出版物的定义有广义和狭义之分。狭义绿色出版物就是以绿色、生态、环保为主要出版内容的书籍和刊物。广义的绿色出版物指的是运用现代科技手段，以文化的可持续发展为基础的，健康、节约、环保和数字集约化的一种出版物形态。此外，也有学者认为绿色出版物就是在出版过程中通过降低环境成本而生产出的出版产品，比如纸张选择更加环保、生产过程中减少废弃物的排放等。还有的学者认为绿色出版物就是伴随信息技术发展而来的数字出版物，相对于传统纸质出版物，数字出版物更加环保。

绿色出版物是应对跟风出版、选题低俗、印刷过程中浪费资源、污染环境、产业集中化程度低、市场化程度低、经营能力差等出版业现实问题而生的一种发展形态，是社会对出版业绿色发展诉求的主动回应举措。绿色出版物的概念内涵可覆盖出版流程的全部活动，包括出版内容、媒介、渠道、流程、受众等，是一个整体性、系统化的概念。

绿色出版物可以按出版主体、发行范围、对象、方式、媒介进行不同分类。根据不同的出版主体可以划分为绿色政府出版物、绿色机关团体出版物和一般绿色出版物；按出版发行的范围和对象进行划分，可以分为绿色内部出版物和绿色公开出版物；根绝出版发行方式的不同，可以将绿色出版物划分为绿色报纸、绿色期刊、绿色图书类型。按照出版发行媒介的不同，可以区分为绿色音像出版物、绿色电子出版物、绿色网络出版物。

二、绿色出版物的特征

绿色出版物除了具备普通出版物所共有的特征，更加突出绿色的属性，特别是理念内容、出版技术、包装印刷等环节凸显绿色元素。

（一）理念内容彰显绿色

绿色出版物首先要做到出版理念和出版内容的绿色化，摒弃单纯追求利益而带来的出版低俗化，对于绿色文化内容进行合理的扬弃，大力弘扬绿色价值观，提高读者绿色阅读水平。

理念绿色是指出版理念要落实绿色低碳节约发展理念。绿色的编辑、管理、运营是其重点和关键。绿色的编辑理念是出版物建立绿色出版理念的基础，绿色出版物编辑只有在绿色理念指导下，才能策划出可以引导、教育、鼓舞、激励读者并受且读者喜爱的绿色出版物，最大限度地减少出版浪费，避免内容污染。内容好，库存少，耗能高、污染高的材料少，出版材料和出版内容才能实现绿色化。此外，绿色管理运营理念的绿色化也至关重要。

内容绿色是指绿色出版物应坚持有利于自身可持续发展的有效出版，要实现内容的绿色，必须在严格把关、优化结构上下功夫，压缩格调低下和内容平庸的选题，减少纸张消耗，不出版发行内容雷同、形式相似的刊物，杜绝无效出版，而推行有效出版，实现内容绿色，只有有效出版才能体现对知识、作者、编辑的最大尊重，形成绿色出版物的核心资源，使绿色出版产业形成良性循环，从而实现绿色内容的目标追求，发挥绿色出版物自身应有的功能和作用。

（二）绿色技术广泛运用

绿色技术广泛运用，是指绿色出版物在出版各个环节大力推广应用数字技术等绿色低碳新技术。对于绿色发展时代背景的绿色出版物来说，绿色出版理念最好的实践途径就是数字化出版，即运用多媒体替代单一的纸质出版。数字化出版建立在计算机技术、通讯网络技术等高新技术基础之上，是融合并超越了传统出版方式而发展起来的新兴出版技术，这一无纸化出版技术带来的不只是阅读媒质、阅读方式的转换，更是编辑内容、编辑手段的异样，它使绿色出版物的传播渠道通畅、速度加快、区域扩大、成本降低。同时，在产品的产出上，做到出版形态多样化，传播受众阅读电子化等等。要抓住移动电子设备普及化的机遇，积极面对网络等新媒体带来的挑战，充分利用这些新技术装备，研究如何更好地服务于绿色出版物发展。

（三）包装印刷低碳节约

绿色出版物包装印刷的低碳节约，是指在出版印刷的生产过程中，进行有效环保约束和控制，减少出版对于环境资源的消耗和污染。改进传统的纸张生产工艺，降低植物纤维造纸率，改用再生纸，在保障纸张质量的基础上，减少废水废弃排放，力争成为环境友好型产业。

绿色出版物印刷的低碳节约其核心在于积极倡导“环保印刷”。“环保印刷”是出版物进行绿色革命的重中之重，涉及环保型印刷材料的使用、环保型油墨、先进的环保型印刷工艺等方式。特别是在当前绿色发展理念的促进之下，绿色出版物更应广泛使用绿色印刷技术，通过节约出版量，按消费者需求进行出版，开展网络出版物等方式，鼓励新型环保印刷手段，全面推进绿色印刷。2001 年，绿色和平组织率先在加拿大发起“爱书人爱森林”项目，倡导出版社和作家使用森林友好型纸张，即再生纸和通过森林管理委员会（FSC）认证的纸张以及达到污染排放标准的草浆纸。2016 年 8 月，弘文馆出版策划公司推出的书籍《阿米星星的孩子》诞生，这本由 100% 再生纸印刷、首印 5 万本的书，挽救了 313 棵树，节约了 1840 立方米的水，11000 度电，少用了 5500 公斤的化工原料。

绿色出版物包装设计的低碳节约，指的是在包装设计过程中应该遵循无害化、生态化、减量化的设计理念，从材料选择、结构功能、制作工艺、包装方式、储存形式、产品使用和废品处理等诸多方面入手，全方位评估资源的利用、环境影响及解决办法。绿色包装设计是绿色出版理念之一，这就要求设计师在封面设计的开始极可能的选择常规的图书开本，把握书写纸，铜版纸，双胶纸等类型纸的优点，避免浪费纸张、颜料等原材料。在设计中，遵从“以少胜多，少即是多”的逻辑，将节约风格进行到底，不仅节约成本，也节约资源，保护环境。

三、把握绿色出版物发展的机遇与挑战

绿色出版物的发展，机遇和挑战并存。这其中既有绿色政策、行业、专业等方面的助力，也有绿色文化、技术、机制等因素的阻碍。如何抢抓机遇，应对挑战，实现绿色出版物的可持续发展，是今后出版行业发展的重要方向之一。

（一）绿色出版物发展面临的机遇

当前，绿色出版行业既有不断向好的政策趋势的支持，也有绿色出版物自身领先的行业态势以及明显的专业优势的助力，绿色出版物发展迎来了重要的战略机遇期。

1. 政策趋势向好。绿色出版物身处绿色发展的浪潮之中，外部政策优势为其发展保驾护航。国家出台了一系列政策文件来规范和推进绿色事业发展，政策趋势朝着有利于绿色出版物生态转型的方向发展。这主要体现在三个方面：一是政策指向明确。党和国家关于落实绿色发展理念的要求全面进入出版行业。《关于加快推进生态文明建设的意见》《生态文明体制改革总体方案》《中华人民共和国国民经济和社会发展第十三个五年规划纲要》等一系列政策文件，对绿色发展进程中的各种问题进行约束与规范。这些政策文件在为绿色发展提供了可靠制度保证的同时，进一步丰富和完善了绿色发展的政策构成，为绿色出版提供了难得的政策红利。

2. 行业态势多元。绿色出版物是出版行业推进绿色发展进程的最终产品，必须从壮大行业基础、把握发展定位、扩大绿色出版规模等方面把握机遇。一是行业基础日趋完备。绿色出版物的成长和发展建立在绿色出版行业发展和进步基础之上。绿色出版行业为其

他行业提供了大量的绿色原材料和初级产品，兼具生态、经济、社会三大效益。其在国民经济发展中的地位、作用和影响不断跃升，奠定了绿色出版行业在国民经济中的基础性地位；伴随出版行业发展的提速，社会各界越来越关注绿色出版业。随之而来的是对绿色出版物阅读需求的增加和期刊发行量的增长。据不完全统计，进入21世纪以来，绿色出版物整体发行量较20世纪90年代上升约20%。发行量的快速增长使绿色出版物在行业态势层面处于领先地位。

3. 专业特色突出。绿色出版物作为传递绿色行业信息、政策、成果、技术的媒介，与其他行业期刊相比，具有鲜明的专业优势。主要表现为：第一，绿色出版技术需求突出。绿色出版物特别是专业性绿色科技期刊中有关绿色科技、纸张生产以及包装印刷等技术方面的内容，对于绿色出版物发展具有直接的利用价值。绿色出版物可以选取其中符合生态环保需求的技术加以利用，减少发展中的技术性成本；第二，辐射绿色社会建设特色鲜明。社会性绿色出版物内容由绿色政策、绿色理念等构成，这些有关绿色发展的内容极易受到社会的关注，通过约请社会各界人士撰写稿件，为不断面向社会扩大受众群打下了基础；第三，专业学术性优势突出。学术性的绿色出版物的主要内容，是与绿色发展息息相关的生态文明、环境资源保护、可持续发展等研究领域的最新进展、成果等，其学术上的优势十分鲜明。有了学术性的保证，绿色出版物在绿色发展中可有效避免盲目性和随意性，增强发展的精准性，加快绿色技术内容向实践转化效率和速度。

（二）绿色出版物发展面临的挑战

在充分把握绿色出版物发展机遇的同时，也应该清醒地看到，绿色出版物在发展中也面临着许多困难和挑战。主要表现在以下三个方面：

1. 绿色文化特色不足。绿色出版物在朝着发展目标迈进过程中缺少绿色支撑是阻碍其健康发展的重要影响因素，主要表现为：第一，缺少绿色文化支撑。绿色文化是人类与环境和谐共进并实现可持续发展的文化。目前，一些绿色出版物特别是行业性出版物在绿色文化的传播上存在很大不足，有信息、无文化的现象较为普遍。出版物内容中的绿色文化含量相对较低，肤浅、表层的信息居多，在深层次绿色文化的构建和升华上仍有很大提升空间；第二，缺少绿色品牌支撑。良好的品牌形象是提高读者对绿色出版物认知度的首要条件。当前，绿色出版物普遍缺乏品牌经营意识，单纯以销量和发行量代替品牌形象，对品牌的培育缺少长远战略规划，未认识到品牌就是核心竞争力。对品牌形象认识存在误区，片面认为做品牌就是打广告；第三，缺少绿色市场支撑。绿色化的营销渠道有助于减少绿色出版物营销环节的成本，提高绿色出版物向消费者的营销转移效率。政府办的绿色出版物在传统管理体制制约下，过分依赖上级主管部门的扶持，对市场渠道的变化缺少关注，不注重市场和销量。而少数缺少经费支撑的绿色出版物受到利润因素的影响，盲目追求发行量，内容与办刊目标间出现偏差，导致读者不断流失。

2. 绿色技术有待进一步突破。绿色技术是绿色出版物持续发展的基础。绿色出版物在绿色技术层面面临着一系列挑战。一是移动出版技术有待深入。在互联网和手机日益普及的态势下，仅有少部分绿色出版物开始试水移动端出版服务，多数传统的、主流的、影响力较大的绿色出版物在移动端出版服务领域仍处于观望状态，缺少引进移动出版技术的积极性和主动性；二是“云技术”尚未破冰。由于数字版权保护、内容格式等方面还未形成统一的法规和标准，目前绿色出版物运用“云技术”还停留在搜索和数据存储等较为初级的阶段，更多的运用还未开发；三是大数据出版技术起步较慢。大数据出版强调数据库建设。传统绿色出版物在数据库建设方面仍停留在“文库”阶段。各类绿色相关的内容和信息无法参与到动态的统计和运算中。绿色出版物缺少对大数据的进一步挖掘，难以从海量的绿色数据中寻找潜在规律以形成规则，反哺绿色出版物的发展。

3. 绿色机制亟待建设。长效的绿色机制是绿色出版物发展可持续推进的重要保证。目前，绿色出版物在绿色机制方面存在的问题有：一是缺乏有效的动力激励机制。绿色出版物发展可能间接造成出版商经济效益的下滑，降低其对绿色出版发展的坚守，经济性激励作用弱化。由于对出版物未来的消极预期，还可能进一步导致激励方式的货币化；二是未形成合理的技术共享机制。绿色出版物及某些掌握绿色技术的企业在发展中片面追求垄断地位，不愿将绿色技术通过合理渠道予以转移，致使绿色出版的关键技术被少部分资金雄厚或背景深厚的绿色出版物所控制；三是缺少必要的监督预警机制。绿色出版物在运营过程中出现反生态行为时，由于没有配套的监督和预警机制，出版管理者和编辑对未来发展趋势缺乏研判，绿色风险防范意识薄弱，长此以往对违背绿色出版物发展规律的行为或视而不见，或习以为常，严重阻碍绿色出版物发展进程。

四、绿色出版物发展的策略选择

绿色出版物在不断的发展过程中，唯有通过强化发展支撑、完善技术转化应用、建立长效机制等方式，在期刊管理机制、生产技术、营销渠道、品牌打造、内容构成等领域进行升级转型，才能实现推动可持续发展。

（一）强化绿色发展支撑

新时期新的战略布局、发展理念、改革主线都要求绿色出版物发展务必要夯实基础，借着绿色发展的“东风”，展开深入的研究和探索。一是增加绿色文化内涵。绿色出版物从管理者到编辑，从办刊理念到审稿过程，都必须强化绿色文化意识，构建绿色精神文化，丰富绿色出版物绿色文化内涵。在管理过程中要实行绿色管理，推动建立绿色制度文化，用文化的软性力量弥合制度的强制生硬；二是树立绿色品牌形象。通过绘制绿色出版物绿色品牌形象标识，加深读者对绿色出版物品牌的记忆。通过对绿色出版物市场调研，结合自身情况，对品牌命名、品牌理念、品牌广告语做出合理设定。加强品牌推广力度，实体推广与网络推广相结合，通过品牌形象的重塑形成与其他类型出版物间的差异化竞争优势；三是拓展绿色市场经营渠道。通过技术革新和出版形式升级换代，压缩出版成本。通过与销售方协商向设置绿色指导价格。通过启发和引导绿色出版物发行及代理商的绿色理念，选择同样具备绿色发展理念的营销伙伴，与其建立恰当的利益关系和绿色营销网络。根据市场行情，做好绿色营销促销活动。

（二）完善绿色技术转化

绿色出版物在发展过程中，时效性低、内容重复、互动性弱、等问题长期存在。为弥补现有模式缺陷，需要尝试新媒介技术，探索互联网、移动端、云技术、大数据等新的数字化出版模式。第一，大力发展移动端出版技术。绿色出版物通过拓展客户端 App 形式，使读者通过手机登录绿色出版物客户端 App，在手机上实现同步的在线阅读。扫描“二维码”后，使读者访问相应网站或连接到对应的移动端 App。通过微博、微信形式，设置公众账号，在平台上与读者交流讨论，将一些未在纸质刊物上刊发的稿件整理后，放置于微信平台共读者交流探讨；第二，推动“云平台”出版建设。通过搭建“云出版”平台，为出版产业链上的不同主体提供“云出版”服务，出资租用大规模网络计算系统与存模式，聘请专业技术人员，借助技术提供商的基础设施和服务实现资源融合；第三，实现大数据整合。绿色出版物运用大数据技术，在查找缺品、经销商评价、印量分析、品类结构、选题发展方向等方面进行详细跟踪和监测，以此驱动绿色出版物良性的出版运营。

（三）建立绿色长效机制

绿色出版物的绿色发展是复杂的系统工程，涉及的领域多，覆盖的范围广，必须有适宜的机制与之相适应。出版业在选择绿色出版技术、开发产品时，必须考虑减少从生产原料开始到生产全过程的各环节对环境的破坏，即必须做出有利于环境保护、有利于生态平衡的选择。第一，构建绿色动力激励机制。通过制定绿色出版标准和绿色发展工作奖惩细则，用经济手段刺激期刊管理者在期刊绿色包装、绿色印刷、绿色营销等领域深入探索。通过制定领导追责制度，构建一套绿色生存约束机制。通过制定成本约束机制，激励出版管理者和编辑在工作中开展低碳环保行动，在出版中减少对纸张等资源的使用和浪费；第二，构建绿色技术共享机制。通过向绿色技术企业寻求绿色出版技术，提高自身绿色发展技术优势。推动绿色技术企业通过捐赠、派驻技术代表、有偿技术转让、技术补贴等形式，换取企业在技术层面对绿色出版物的支持；第三，构建绿色监督预警机制。期刊管理层利用舆论监督，间接掌握期刊编辑出版过程中违背绿色发展理念要求的具体行为、问题、趋势。鼓励绿色出版物内部人员针对绿色发展中存在的问题提出质疑、批评并给出建设性意见，形成关心绿色出版物发展的良好氛围。成立专门性的绿色监督部门，选派经验丰富的管理人员和编辑组成绿色监督委员会，定期对期刊编辑的各个环节进行绿色考评和督查，使绿色监督预警机制常态化。

五、统筹把握绿色出版物发展的若干关系

在绿色出版物发展进程中，有几个关键问题需要引起高度关注，下大力气加以解决。主要包括两大价值观念的强化、三对矛盾关系的统筹和四种思维方式的树立。

（一）强化两个观念

随着新的发展阶段的到来，发展模式换挡、转向，价值观念也须适时跟进做出调整。绿色价值观亟待与主流价值观进行整合，成为全社会共同坚守的价值选择。绿色出版物发展中需要重点关注两个价值观念：一是将资源节约与出版总量增长间的同步提升，作为出版物发展的重要价值标准。资源节约与总量增长二者看似相互冲突，实则相辅相成。绿色出版物通过数字、低碳、循环等出版形式，既节约了资源，又满足了增长需要，实现双赢；二是将生态环境保护作为绿色出版物发展价值取向的优先选择。绿色出版物管理层和编辑层必须牢固树立生态优先意识，当生态环境与出版产生矛盾冲突时，各方必须为生态环境让路，将生态环境发展作为优先选择，唯有这样才能使绿色出版物的发展落到实处，避免纸上谈兵。

（二）解决三对矛盾

绿色出版物在发展过程中不可避免的会出现各类问题与矛盾。

其中有三对矛盾需要特别加以注意。第一，经济效益与社会责任的矛盾。绿色出版物发展过程中，在短时间内可能会出现效益下滑的趋势，但这不能成为其社会责任缺失的借口。从长远来看，可持续的发展会使绿色出版物在长期竞争中保持优势。绿色出版物需要时刻秉持社会责任至上的标准，做到效益与社会责任相统一、相协调；第二，发行成本与绿色技术运用的矛盾。由于绿色出版、印刷、包装等技术相比传统技术仍然具有较高的成本门槛，绿色出版物在采用绿色技术时需要综合考量发行成本，避免因绿色技术的采用而带来过多的成本负担；第三，出版印刷与生态环境保护的矛盾。绿色出版物在传统出版过程中必然造成自然资源的损耗与污染，而数字化出版形式在短期内又无法大面积展开。绿色出版物在绿展进程中要特别注意对生态环境承载力的关注，使自身发展始终处于生态环境可承载的范围之内，和谐、有序、持续的发展。

（三）树立四种思维

绿色出版物的管理者和期刊编辑在绿色发展中要树立四种思维。一是绿色问题思维。绿色出版物应当坚持绿色问题导向，抓住影响自身发展的关键问题深入分析思考，着力解决出版物印刷造成的生态环境破坏等突出问题；二是绿色底线思维。推动绿色出版物发展既要考虑满足市场和读者的需求，又要顾及生态环境的需要，不能突破环境承载能力底线；三是绿色创新思维。绿色出版物在发展中要不断创新的生态编辑模式、绿色营销方式、可持续出版形式；四是绿色系统思维。注重将绿色出版物发展置于五大发展理念的总体布局中予以把握，将五大发展理念置于同一高度予以对待。把绿色出版物的发展作为一个系统工程，加以科学谋划、统筹推进。

（李香云）

第四章　绿色广播

一、广播的发展与优势

（一）广播发展简历

广播，也称为电台（英文：broadcasting station），是无线电台的通称，它是世界上传播最为广泛的空中“媒体”，广播的诞生已经超过百年。

回顾广播的发展历程，先有有线广播，后有无线广播。1876 年，有线电话的诞生为有线广播出现打下了技术基础。1880 年，俄国人奥霍洛维奇研制成功一套播音设备，用导线把剧院里的音乐节目传输出去；1893 年，匈牙利人布达佩斯，通过连接 700 多条电话线定时进行新闻广播，形成正式的有线广播；1906 年，美国人范斯顿在马萨诸塞州的实验电台首次作实验性广播，将谈话、歌唱及音乐等声音传播出来。从工程技术标准上看，广播从此诞生。

随着无线电的发明和运用，广播事业迅猛发展。第一次世界大战之后，美国、英国和十月革命后的俄国，先后创办了无线广播。但有线广播仍在欧美、特别是第三世界国家蓬勃发展。第二次世界大战后，有线广播在一些社会主义国家得到推广，如保加利亚、捷克斯洛伐克、蒙古等国也是有线广播普及率较高的国家。1920 年 8 月 31 日，美国底特律 8MK 实验电台广播播报的新闻稿，是世界最早的广播新闻；1920 年 11 月，美国向 KDKA 电台颁布营业执照，这是世界第一个真正的无线广播电台，标志着广播事业的诞生。而后，世界各主要国家纷纷建立广播电台。

中国境内最早的广播电台创办于北洋政府时期，1923 年初，美国人奥斯邦在上海创办 ECO 广播电台，呼号 ECO，挂“中国无线电公司”招牌，播送音乐和新闻。由于触犯了北洋政府的法律，被勒令停播，3 个月后倒闭；1924 年，美商开洛公司和申报合作，开设开洛广播电台，为当时规模最大、时间最长、影响较大的一座电台，共维持了 5 年左右；1927 年 5 月，第一座公营电台交通部天津广播无线电台开办，此后中国人开始有自己官办和私营的广播电台；1928 年 7 月，南京开办“中国国民党中央执行委员会广播无线电台”，简称“中央广播电台”，功率 500 瓦，这是国民党官办的第一座广播电台。1932 年 11 月，新广播大楼落成，功率 75 千瓦，成为当时亚洲地区发射功率最大的一座广播电台。

中国共产党领导下的广播事业蓬勃发展，1940 年 12 月 30 日，延安新华广播电台开始播音，呼号 XNCR，广播稿由新华社提供；1949 年初，新华广播电台迁往北平，改名为“北平新华广播电台”，并从新华社分离出来，成为独立的新闻机构，同年 12 月改名为中央人民广播电台，成为与报社、新华社并列的党的三大新闻机关。改革开放后，中国的广播事业步入发展快车道，据新华网数据，我国是世界上拥有广播电台数量最多的国家，我国（不包括港、澳、台地区）共有广播电台 306 家，电视台 360 家，广播电视台 1300 家。广播节目套数 1933 套，广播人口覆盖率达到 93.21%；电视节目套数2058套，我国现有卫星广播接收站约18.9万座。广播听众超过6.6亿人，其中城市听众回归速度迅猛，达到4.2亿人，比2011年增加5000万。随着汽车拥有量的骤增，对广播听众回归贡献明显。

（二）广播的传播优势

广播传播范围广，传播速度快，穿透能力强，无论是对内广播还是对外广播，这一特点在对外传播中表现出显著的优势表现，它所能达到的范围，传播信息的速度，远远超过报纸和电视。简要而言，广播最大的优势在于：

一是“快”。无线电波以每秒30万公里速度传递，播出的声音与听众听到的声音几乎是同步的，不受时间限制，广播内容迅速及时，时效性强。广播新闻大多先于报纸，快过电视，且信息量大。广播制作、传输、接收简单，时效性居于各种大众传播媒体之首。按时间和内容排序，依次为：广播（即时）、电视（晚间，直播除外）、报纸（次日）。

二是“广”。无线电波传送的声音，无限发送，渗透性强，不受空间阻隔，不受人为限制，随时随地，随机（收音机）随人（听众），都能收听到广播的声音。从采写到编发、播报到收听，时间间隔最短。

三是“播”。用声音传内容，言语远比文字更生动精彩，声情并茂，雅俗咸宜。广播传播群众性强，精力少，花费少，文盲也无碍；随着波段的增加，专业电台（音乐台、交通台、经济台等）如雨后春笋，“广”播向“窄”播方向转化，有指针对性地满足部分听众需要，吸引听众“参与”节目的比例加大。而报纸、电视媒体则难以做到与读者观众的即时“互动”。

四是“低”。广播节目相对于电视、报纸和互联网，成本要低得多，以广播和电视制作节目为例，制作广播节目所需的人力，设备以及工作人员的劳动时间比电视要少得多。从听众的角度讲，广播接收机的费用比买电视、电脑和订报纸的费用要低得多。这就是说，受众通过广播获取同样多的信息，要比电视、报纸、互联网更便宜。这种低成本的传播手段，使广播在众多媒体中，具有较强的竞争力。这是广播占领受众市场的一个十分有利的因素。

现代社会，人们对生存环境的关注度越来越高，环境保护、生态林业、绿色出行、绿色食品、绿色家装、生命健康等，已成为政府关切、人人关注的热点问题。无论是国外还是国内，广播的触角也伸入到绿色领域，由此延伸出“绿色广播”新概念，纷纷创办“绿色广播”专业频率和品牌栏目，打响“绿色广播”品牌战。

二、绿色广播的内涵及影响

（一）绿色广播的内涵

可以这样说，广播自从它诞生之日起，就与“绿色”结下不解之缘，一路相伴走过百年，对促进世界的环境保护、唤醒人们的绿色意识发挥了作用。当今社会，要大力推广建设绿色广播，全力推进有时代特色的绿色广播事业，积极传播绿色发展正能量。2011 年，新疆电台 738 综合广播定位绿色的、会呼吸的广播，以传播绿色低碳为宗旨，兼顾城乡广大听众群。覆盖全疆，规模最大，公信力更强。

2015 年秋季至 2016 年春季开学后，江苏、上海等多地中小学、幼儿园爆发塑胶跑道事件。央广新闻利用广播优势，持续关注事件进展动态，即时播发动态消息，连线专家学者解答相关法规，深度分析原因《“毒跑道”毒害学生，主管部门何在?》，配发央广评论《国家强制标准不出，毒跑道事件不止》，全方位立体式报道毒跑道事件，层层推进，步步深入，追根溯源，体现出了绿色广播强烈的社会责任感，彰显出国家广播的权威性和公信力。

（二）绿色广播的影响力

随着党和政府、人民大众对环境改善的日益重视，绿色发展成为经济社会转型的重要内容。大众媒体对推进生态文明进程发挥着重要作用，绿色广播具有大众传播媒体的共同优势，表现出显著的不可替代性。

第一，绿色广播的受众关注度高。绿色话题涉及党和政府的重大决策，又与人们生活的方方面面息息相关，是广大人民群众持续关注的热点话题。绿色传播效果的优劣，不但会对公众绿色意识施加影响，甚至可以影响相关生态文明政策制定。针对当前公众绿色意识普遍较低、参与度不强的情况，广播以其即时传播、覆盖面广的特殊优势，能让绿色理念深入人心，实现对公众绿色意识的构建。

第二，绿色理念能实现快速传播。广播采用电波传播信息，传播方式具有即时性和广泛性，广播内容可以迅速传播到受众耳中，覆盖面特别广泛，基本不受空间限制，不受天气交通限制。绿色广播受众层次具有多样性。

第三，编播灵活具备双向互动性。广播节目单位时间内信息容量大，制作播出过程也比较快捷，在安排播出和调整时段上相对比较容易，节目播出过程中随时可以插播最新动态、连线前方记者、接听观众来电等，真正实现直播状态，表现出极强的灵活性。

绿色与广播结合，广播与绿色同行，既有“声”（声音）又有“色”（绿色），使绿色理念声声入耳，焕发出无限生机。

三、绿色广播的功能及特性

生态文明建设需要动员全社会的力量来共同关注、共同行动。其中，大众传媒是这场旨在动员全社会广泛参与的绿色环保运动的重要力量。在这样的背景下，我们要充分发挥绿色广播的多重功能，真正在受众中间形成以传播实践绿色发展为导向的舆论强势，进而逐渐在观众和听众中间培养起绿色低碳的主动意识和行动理念，真正将“绿色”带入生活、进入日常。

（一）绿色广播的功能

综合来看，绿色广播具有以下几个方面的功能：

一是宣传功能。新闻媒体是党和人民的喉舌，它是各级党委政府发布政令，刊播最新动态的平台。绿色广播也不例外，主要职能就是发布与生态文明建设相关的政策、法令和相关部门的措施和行动，随时随地传播即时新闻动态，让听众在第一时间收听到相关信息，最大限度地满足受众的求“知”欲。

二是科普功能。环境保护、生态建设等法律法规、政策措施等相对专业，需要媒体进行必要解疑释惑，达到普及的目标。绿色广播通过解释性报道，解读绿色相关的法律法规内容及其制定过程，达到上传下达的目的。

三是监督功能。对具体环境事件、生态违法案例等进行报道，尤其是环境污染和生态破坏等突发事件的处理进行监督性过程报道，可以强化绿色广播的舆论监督力量，有助于推动生态法治化进程。

（二）绿色广播的特性

与其他新闻报道相比，绿色广播更加强调以下几个方面的特性。

一是突出公共性和社会性。绿色新闻是受大众普遍关注的话题，这是由环境问题本身的复杂性和广泛性所决定的。因此，绿色广播要更加强调绿色发展的环境公益性和社会广泛性，提高传播的覆盖面，力求彰显环境公平正义。

二是突出科学性和专业性。环境议题涉及政治、经济、生态科学、公共卫生、地质气象等众多领域，需要秉持科学精神进行精准传播。如果不实的报道将严重误导受众，甚至会引发严重的后果。所以，绿色传播更应该科学准确、严谨慎重，真正发挥正确的舆论导向。如，2015 年天津港“8 · 12”瑞海公司危险品仓库特大火灾爆炸事故，央广新闻“中国之声”持续关注事件进展动态，并适时邀请专家学者向公众讲解“氰化氢、硫化氢、氨、二硫化碳”的危害、市民如何防止吸入毒气等相关专业知识，从科学救援的角度传授安全撤离和抢险救援技巧，消除市民恐慌心理，及时阻止谣言蔓延。

三是突出日常性和长期性。绿色法治的建设和绿色行为的养成具有渐进性、长期性等诸多特性。如现在大家关注的 PM2. 5 数据，最初由美国驻华大使馆公布，从而引发社会广泛关注。绿色传播从最初简单的解释性报道，到深入挖掘其根源，直至分析大气污染的严峻形势，最终推动政府部门出台《大气污染防治行动计划》，从而形成行之有效的治理措施，这个过程就是绿色广播传播阶段性和长期性建设的案例。

（三）绿色广播的原则

绿色广播，要以传播积极正向内容为主导，同时坚决抵制不良信息。绿色广播必须坚持以下原则。

一是坚持正确的舆论导向。媒体是党和政府的喉舌，是重要的宣传教育阵地和信息发布平台。因此 绿色广播必须遵循对党、国家和人民负责的原则，以正确的舆论导向传播积极正向内容。绿色广播要有权威、准确的信息来源，保证内容真实可靠。针对重大环境突发事件的报道，绿色广播要建立严格的信息审核机制，保证播发信息的准确，增强广播自身的公信力。

二是坚持受众需求，推动可持续发展。绿色广播要始终把办好为人民服务广播作为根本宗旨。在绿色资讯节目编排和内容编辑阶段，充分考虑不同受众的个性化需求，强化节目与受众的互动。比如可以通过电话、微信、微博等各种互动平台来增强广播的互动外延，积极推动广播的新媒体化，拉近与听众的距离，提升绿色节目的影响力。

三是坚持改革创新，探索传播新路径。改革创新是绿色广播发展的根本动力。绿色广播的改革创新，要从技术层面抓起，大力推进广播数字化进程，实现绿色广播的整体变革和现代化发展。

四、绿色广播的运行路径

作为重要的大众传播媒介，绿色广播要在绿色频率和栏目的建设上下功夫，积极探索绿色广播的丰富模式，以达到传播效果最大化的目标。

（一）绿色专业频率栏目建设案例分析

一是开设绿色专业频率。世界范围的广播发展先后经历了综合化、专业化和类型化三个阶段。绿色广播可以探索推行频率制，实施以频率总监为管理核心、以频率为管理主体、以频率相对独立运行为中心的频率制管理模式。例如，江西人民广播电台、浙江省温州人民广播电台先后开播了“绿色之声”正式开播，以“绿色、健康、自然”为理念精心打造绿色广播专业媒体，以满足受众对“绿色、环保、健康”高品质生活的追求，就是很好的探索。

二是开办固定绿色栏目。绿色广播开设固定栏目，优化节目选题，丰富形式和风格，将有助于增强绿色广播对受众的黏性。比如，绿色广播应与环保机构、有关高校等联办栏目，畅通绿色新闻源渠道，获得独家专有新闻资源，保证传播内容的权威性。如，安徽省环保厅宣教中心坚持多年在合肥人民广播电台举办环保专题节目——“绿色空间”，每周三定时播出。宣教中心派专人具体负责每期节目的策划、编写、组稿等工作，紧扣当前环境热点话题和环保中心工作，通过百姓喜闻乐见、生动活泼的形式，制作播出环保热点问题大讨论、绿色生活常识、系列环保公益广告、《绿色视野》环保故事散文欣赏等内容版块。还举办环保征文、环保志愿者征集、“六五”世界环境日纪念活动现场直播等多个专题节目，在社会上产生了强烈反响，节目收到了很好的宣传效果。

三是策划专题绿色活动。媒体策划推出的重大宣传活动，常因选题大、时间长、关注高，能产生巨大的传播效应。2012 年春，上海人民广播电台和中国国际广播电台联合发起“地球——我们共同的家园”全球大型环保公益行动，通过持续全年、遍及全球的环保行动和公益宣传，传播绿色环保理念，呼吁全社会关注生态文明建设、爱护地球家园、共建和谐社会，受到了全球许多环保力量以及广大听众的关注与支持。同年 12 月 21 日至 22 日，两台联合海内外多家电台共同推出“地球——我们共同的家园”30 小时年终盛典大型直播，青岛、扬州、哈尔滨、宁夏、北京、广东、浙江等电台在不同时段与上海电台联播，在“发现美丽中国”的版块中，各地听众在城市与国家间的“东西畅谈”“南北对话”中，领略了扬州的“生态宜居”、哈尔滨的“最美湿地”，展望了青岛的“静脉产业”、浙江的“海洋经济”、贵阳的“森林城市”等建设经验，东西南北的“美丽发现”，齐声描绘出一幅“美丽中国”的未来地图；在12点盛典仪式现场，实时连线远赴美国黄石公园和中国驻扎青藏高原的记者，全球记者访问团从祖国各地和肯尼亚、墨西哥、欧洲、澳大利亚等国外发来连线，介绍城市建设、森林保护、海洋开发、水资源利用、风沙防治等先进案例和成功经验，寻访美丽中国之地、聚焦世界绿色科技、关注生态文明建设，以及作为环境观察员的上海电台记者在非洲、北极、太平洋、欧洲和玛雅文化的发源地所了解到的生态文明。30小时大直播中，主办方精心制作了20种语言整点报时语，呼唤同呼吸、共命运的全球听众，一起聆听地球的平安之声，一起守望光明、关注地球未来。一场活动，两台联播，数十家省市和地区电台以及海外华语广播共同参与，呼唤全球行动、共同开拓绿色的新纪元。五洲电波大联结，汇聚绿色正能量，共聚环保嘉年华。

（二）关于绿色专业频率建设策略的探讨

专业化频率是绿色广播的发展趋势。绿色专业化频率必须以“绿”为主业，完善绿色专业频率建设的策略。

一是绿色专业频率要准确定位。频率定位的准确性决定着频率运作的成败。首先，频率定位要专一，包括栏目与节目内容专一，频率理念和包装风格专一，播发内容与目标受众专一。绿色专业频率建设，要对同一类别的题材作深度挖掘，不同节目可作不同视角、不同观点的报道、探讨和分析，形成整体复合化、局部单纯化的频率格局。同时，要重视听众定位的准确化。要了解绿色专业频率的特定目标听众群在年龄、学历、居住区域、收入状况、收听习惯等方面具有的详细特征，通过收听率和听众满意度调查，确保绿色广播对既定目标收听群进一步的细分。

二是绿色专业频率要优化结构。要对构成频率形象诸如节目、栏目等各种要素按时序进行科学合理的编排组合，构建成与频率定位相统一的频率外在形象。要使频率结构与频率的内容定位、听众定位紧密相连，最大限度发挥专业频道的竞争优势，合理利用频率的时间资源，更加贴近听众的收听需求（包括节目内容设置需求和时间安排需求等），从而培养专业频率的忠实听众群。要根据频率的定位和性质设置栏目，栏目名称与频率定位要吻合，栏目设置数量要合适，栏目时长要为听众所接受，栏目播出时段，各栏目的类型安排、栏目间的组合与呼应、利用各栏目来烘托频率特色等等都要在对听众进行充分调查研究的基础上来进行。

三是绿色专业频率要专业包装。频率专业化意味着广播频率间的竞争升级，那些特色不强、个性不明、识别性差的专业频率，将无法让有极大选择余地的听众停留，最终将被无情的市场法则所淘汰。因此，绿色频率专业化，需要从频率标识、频率呼号、背景音乐、频率内容及文化理念的传达、频率栏目、节目的前奏、宣传口号及导听类节目等多个方面，进行专业设计，以强化绿色专业频率的传播品牌效应。

四是绿色专业频率化要注重专业团队建设。广播节目由采编、制播、技术等一系列环节组成，涉及许多专业部门。绿色广播的运行需要专业化的采编播团队，既要懂广播，又要懂“绿色”。要在实践中精心打磨专家型管理人、专业型策划人、专业化编辑记者、专题型主播人。尤其是采编队伍，需要引进林业、环保、生态等绿色复合交叉人才，培养绿色名记者名编辑，以扎实的基本功来提高绿色广播的节目质量，增强听众黏性。

（朱天磊）

第五章　绿色视频

视频是当今信息传播的重要载体。互联网平台的发展使视频传播更加迅速，诸如 YouTube、优酷、爱奇艺等视频网站的出现，依托移动互联的新媒体使视频分享和传播更加方便。

随着时代的快速发展，生态危机的加剧使得人们越来越关注生态环境问题。解决生态问题成为人们共同的责任，作为最直观最有感染力的表现形式——绿色视频应运而生，在绿色文化传播中发挥着越来越重要的作用。

一、绿色视频的定义及特点

视频泛指将一系列静态影像以电信号的方式加以捕捉、纪录、处理、储存、传送与重现的各种技术。绿色视频是以传播绿色为主要特征的静态和动态影像，旨在唤醒人们的绿色意识、生态意识，树立尊重自然、善待自然、爱护自然的绿色理念。其内涵应包括三个方面：一是绿色视频传播内容的绿色化，符合生态文明建设要求；二是视频的拍摄、制作、传播渠道、传播方式的绿色环保；三是绿色视频传播的指导思想、观点态度的绿色化。绿色视频是传播绿色文化的重要方式，具有更强的视觉效果、更丰富的表现力，更易于观众接受等特点。绿色视频的重点是绿色，

（一）绿色视频的特点

绿色视频的特点主要有凸显绿色主题，画面生动形象，内容直观丰富，顺应时代发展等。

1. 凸显绿色主题

绿色视频最重要的特征就是凸显绿色主题。“绿色视频”中的“绿色”含义大致有以下几个方面，一是内容的绿色化，彰显绿色基本格调的视频。二是将“绿色”用作形容词，体现绿色视频所具有的“符合资源节约、环境友好、生态安全要求”的属性。三是要求绿色视频是符合生态文明理念和生态文明建设要求。

2. 画面内容生态化

绿色视频多关注生态环保主题，其选题强调自然本真性，要求画面生动形象，逼真，表现亲近自然、拥抱自然的感染力和亲和力。由于视频是声音、文字、影像等多种信息的大综合，因此绿色视频展示需要更加强调各种信息的绿色化、生态化，杜绝低俗和粗放。

4. 顺应时代发展

当前的新媒体主要有微信、微博、微视频和 App 客户端，而绿色视频作为微视频的重要组成部分，要更迅速传播，更便于分享和互动，顺应传播发展的趋势。绿色视频要突出特色亮点，确保在海量信息中占据位置，引导受众观看后接受绿色发展理念。

（二）绿色视频的价值

绿色视频本身特有的形象具体、多样化、开放性、动感、互动性强的特质，使得其在生态文明传播中具有多重价值。

1. 传播绿色文化的直接手段

绿色文化要求人与自然、人与资源、人与生态和谐共进，生态文明建设也要求实现以人为本的可持续发展，传播绿色文化和建设生态文明本质是一致的。绿色视频及时展示生态文明建设成果，能够使人们感受到建绿色在生活中的重要性，感受到绿色文化的重要。

2. 提升人们的生态文明意识

通过绿色视频的传播，唤起和提升广大民众的生态文明意识，十分重要。要树立生态文明理念，最关键的是转变全体公民思想观念，培育和提高公民的生态文明意识，增强人们对保护生态环境的自觉性。绿色视频的理念与生态文明理念相一致，通过绿色视频提升公民生态文明意识具有重要的意义。使人们形成顺应自然、尊重自然、保护自然的生态文明理念，形成绿色发展、循环发展、低碳发展的发展观念。

3. 满足人们精神文化的需求

“绿色”代表一种精神、价值、文化、追求、目标和状态，绿色视频能够通过视频体现出这种精神、文化、价值和追求。应用和传播绿色视频能够满足人们精神文化的需求，把绿色的理念内化为人的绿色素养，外化为人的生产方式、生活方式。随着经济社会持续快速发展，特别是随着人民生活水平的不断提高，目前我国已进入文化消费的快速增长期，人们精神文化需求更加旺盛。绿色视频能够满足人们精神文化的需求，顺应人们对文化发展的新要求、新期待，绿色视频是符合人们需要的精神文化产品。

二、绿色视频的制作

绿色视频制作过程需要有人员、拍摄设备、文案（拍摄计划）、摄影、后期等诸多环节。人员是制作视频的关键，设备是拍摄绿色视频的工具，拍摄计划是制度摄影正常进行的方案，摄影是拍摄视频的过程，后期是对拍摄的视频进行剪辑和修改。这几个过程先后连贯，具有一致性，通过合理的分工和配合，绿色视频就能顺利的制作完成。

（一）确定主题

主题属于顶层设计，是制作绿色视频首要考虑的因素。绿色视频或是正面宣传，或是批评性报道，因此主题的选择要结合受众的需求进行，充分考虑到主题的新颖性、鲜明性，并且能够紧抓受众的兴趣。绿色视频所要传递的思想一定要深刻，有效引导公众的价值选择。主题的选择还要注重绿色理念、绿色人文关怀以及绿色社会责任的履行。

绿色视频能应将绿色理念于无声处逐渐注入受众的思想中，潜移默化，在每一个画面的背后都有一段故事，都承载着一份美好的寄托，那么这样的绿色视频必然就是成功的典范。所以在内容的选择与主题规划上，一定要多下功夫，将这个基础打好，才能给后期的拍摄、制作和传播带来便利，才能起到更好的传播效果。

（二）选择内容

对于一部优秀的绿色视频作品而言，内容的选择至关重要。当前对绿色视频还没有确切的定义，笔者认为绿色视频是与“绿色领域”的有关的视频，即通过视频方式传递和展现各种有关绿色的信息和情况，这一绿色领域包括环境、生活、新能源、城市发展和生态文明建设等方面。

广义的绿色视频内容涉及面广，主要集中以下领域：一是环境，这个环境一般是自然环境方面，并非广义上的环境。二是低碳。低碳主要是指较低的温室气体排放，这一领域涵盖气候变化和低碳经济等一系列内容。三是生活。主要关注公共安全，其中重要的如食品安全，生活方式变化等。四是经济，主要关注经济体各领域，各细分行业的绿色变革。五是生态文明的各个领域。

（三）拍摄视频

视频拍摄是视频制作过程中的重要环节，需要专业人员的操作、需要整个团队的配合，绿色视频传播的是绿色理念，所以整个拍摄过程也要做到环保、节能，达到资源的合理和高效利用。

绿色视频的拍摄需要拍摄设备，随着新技术的发展，拍摄视频从需要专业摄像机到利用手机就能拍摄。专业拍摄视频设备的优点是成像效果好，画面更清晰，便于后期处理和编辑，缺点是价格较贵，对画质要求不是特别高的可以不用专业设备进行拍摄。专业摄像机一般较重，不便于携带。新技术的发展促进了微视频的发展，微视频的拍摄多数情况下不需要专业的拍摄设备，可以将微视频的制作、发布、收听等程序演化成一场“化繁为简”的视听游戏，其中的便捷性和无技术性为微视频传播奠定了基础。

绿色视频的拍摄需要团队的整体配合。一部优秀的绿色视频作品绝对不是仅凭导演一个人的力量就可以完成的，这需要整个团队的分工与协助。团队的配合能够在保障拍摄质量的基础之上，能够提高效率、节省时间。在拍摄过程中还应做到环保、节能、低碳。拍摄绿色视频需要耗费较高的人力、物力成本。有的个人或者团队拍摄后对当地环境产生巨大的污染活着破坏，这样的行为是违背绿色视频理念。在拍摄绿色视频过程中，拍摄人员和工作人员要维持当地生态环境，不破坏当地环境，循环使用拍摄道具等。

在绿色视频的拍摄过程中，应根据所表现的主题选用不同的拍摄方法，不同视角进行拍摄。混合运用从远到近或者由近及远或者由模糊到深刻等方法，同时应该采用多种景别如近景、中景还有特写全景等镜头的整合，尤其在拍摄人物的过程中，人物的动作或者表情都是拍摄视频重要的部分。

（四）编辑视频

绿色视频制作是一个系统的过程，剪辑和后期制作是筛选、制作、加工的过程，这样才能展现给观众最生动的画面、最丰富的表现、最打动人的镜头。

绿色视频制作的编辑过程要凸显绿色的主题，不能偏离主题，要把视频、音频、特效等诸多元素进行融合。绿色视频在剪辑过程中，后期剪辑人员还应多与导演多沟通，这样可以避免少走弯路，更快地达到预期目的。编辑绿色视频除了要有专业的剪辑技术之外，还应该具有对于“绿色理念”如何在后期制作中独到把握。剪辑绿色视频的剪辑师应该懂得如何将环保、绿色的思维通过场景的转换以及人物与环境的融入程度展示出来。

（五）传播视频

绿色视频要想发挥作用，就要让更多的人看到，让更多的人了解，扩大绿色视频的传播，增强绿色视频的传播效果。扩大传播效果需要在传播者、传播平台、传播内容、受众等方面下功夫。绿色视频要发挥作用就需要使受传者在认知层面、心理层面和行为层面产生影响，发生变化。

绿色视频的传播平台主要有传统平台和新媒体平台。传统平台主要有电视、网络，如各个电视台以及新浪、搜狐、优酷等网站。绿色视频的新媒体传播平台主要有依托手机的微博、微信、手机客户端等，尤其是微视频发展迅速，各种微视频传播平台异常活跃。此外，各种文艺作品如电影、电视剧也是绿色视频传播的平台，各种活动、论坛、研讨会也可以进行绿色视频的传播。总之，绿色视频的传播平台非常广泛，只要能够播放视频就能进行绿色视频的传播。

绿色视频的传播不仅需要借助传统的传播平台，还要借助新媒体平台进行推广和传播，只有这样才能在新时代背景下跟上时代变化的发展。在绿色视频传播的过程中，首先要注意传统平台的建设，传统平台是绿色视频传播的基础平台。视频要想让大家知道就要有播放视频的载体，以北京林业大学为例，北京林业大学在每个公共的平台都安装有全高清液晶显示器，每天定时会播放学校制作的绿色视频，当人们走过宣传液晶显示屏的时候，都能够清楚地看见液晶显示屏播放的内容，起到很好的传播效果。其次，要特别注重新媒体平台的建设。传统网站的已经不能满足大众对绿色视频的需求，借助新媒体的平台进行传播，增加绿色视频传播的互动和分享。绿色视频的传播要充分运用新媒体、新业态、新技术，做到传播方式多样化、呈现立体化，使公众更充分地了解绿色视频。

三、绿色视频的思考

绿色视频的发展与传播进入了新媒体时代与全媒体时代，“新媒体时代每个人都是传播者”说明视频的传播已经不分你我。而微视频的传播在新媒体环境下显现出更新、更快、更灵活、更多变的优势，这些优势在移动终端上体现得更为明显，促使视频的传播更加迅速。移动化、社交化、视频化、目标受众年轻化是当前视频发展的新趋势，如何适应公众绿色视频消费习惯的变化，更好地满足用户需求，是绿色视频自我创新发展的战略选择。

（一）要满足大众需求

绿色视频的传播不是单方面的传播，在传播中要理解人们愿意分享信息的心理活动、情感和行为，从公众在乎的内容的相关性、有用性等方面出发，这样制作和传播的绿色视频公众才更容易去接受。绿色视频的制作要与公众的需求集合起来，视频制作出来如果不与受众的需求结合起来的话，可能会有少有公众问津，即使有些观众会看到，他们看后也不会认可，更达不到理想的效果。其次，在传播绿色视频的过程中，传播者应该注意与公众的互动与沟通，公众与传播者之间的互动和交流，是视频反馈与改善的过程，新时代的绿色视频就要以内容为王，以观众为主体，迎合观众需求，以互动为核心的新的格局，改变传统单向传播的思维。

（二）要注意分众化传播

绿色视频的制作和传播中要注意细分受众，根据受众特定的需求，确定自己的受众地位，针对不同的受众提供不同的视频，进行分众化传播。针对受众群体的分众化倾向，为了更好地实现绿色视频的传播，对绿色视频进行有针对性的编排和设置是必要且有效的手段。例如，中央电视台有多个频道，这就是对公众进行分众化服务，公众可以根据自己喜好选择自己喜欢的频道进行收看。绿色视频应根据自身的定位和公众的分众化趋势，将绿色视频的制作结合于大众的需求和公众分众化之间进行平衡，将受众所处的社会环境、社会地位、职业、年龄、禀性、爱好作为制作视频的重要参考。分众传播中的受众群相对窄小，特点相似，较为稳定，易与传播者形成一种友善的关系，提高反馈的参与性，使反馈信息更为丰富实用，同时能够确保传播者根据“反馈”，正确地了解受众对节目的评价与要求，以此调整传播的方式与内容，发挥更好的传播效果。

（三）注重媒介融合

绿色视频的制作和传播中要注重媒介融合。绿色视频要不断适应媒介融合新环境，媒介融合是指不同介质的媒体相互作用、相互渗透、相互融合，媒介融合是一个不断发展的过程，不仅包括媒介形态的融合，还包括媒介功能、传播手段等之间的融合。作为绿色视频的制作者，要不断适应媒介融合的新环境，进行绿色视频的定位，抓住媒介融合的机遇与挑战，使媒介融合推动绿色视频的发展。绿色视频的传播要注重线上与线下的结合，传统传播途径与新媒体传播途径的结合，网络、手机已经成为视频传播的主战场，绿色视频的制作者要根据网络视频和微视频的基本特征，运用其合适的视听表述方式，根据其受众碎片时间的长短，制作出不同表现形式、不同表现内容的绿色视频。

（四）彰显特色

绿色视频要注重主题鲜明、内容充实、彰显特色，这样的视频能够得到观众的认可。在制作绿色视频的过程中，各制作单位也要结合本单位特色，把握好方向，凸显本单位的传播特色，把本单位的绿色视频建设的别出新颖，独树一帜。不同的绿色视频要有根据宣传的目的和效果来确定时间长短，微视频的特点是互动性、娱乐性较强，就不应拍摄时间过长，以不超过 20 分钟为宜。宣传片就要尽量精简，以最短的时间表达最丰富的意思，如果时间过长会反而不利于宣传。如果要拍纪录片可以适当延长时间，可以记录更多的信息。绿色视频拥有合理的定位，彰显自身特色才能在发展的过程中不断适应新的变化，不断迎接新的挑战。绿色视频创作的过程中要有清楚的定位，切不可不切实际、好高骛远，把握好理想和现实之间的距离，让更多的人成为绿色视频的受众，进而影响到更多的人。

（吴　鹏　石艳峰）

第六章　绿色摄影

绿色摄影是伴随绿色发展方式而生的一种主题摄影门类，对于推动摄影生态化发展、普及生态文明理念有着重要的作用。绿色摄影既有其特殊的拍摄技巧，更需要弘扬生态理念。

一、绿色摄影的内涵特征

摄影是将自然界或人文环境的动态变化以相机为载体定格下来的一种记录方式，摄影在其几百年的发展历程中逐渐因主题的不同而分出许多类别。绿色摄影作为一种逐步兴起的主题摄影门类，在内涵上与传统摄影门类既有继承关系，又各不相同。我们可以将绿色摄影区分为广义和狭义两种含义。广义上的绿色摄影泛指以绿色为出发点，以保护自然、顺应自然、促进资源永续利用和可持续发展为基本特征，围绕绿色低碳和生态文明所展开的一切与摄影有关的行为活动，是在绿色发展时代条件下形成的生态保护理念所指导的摄影（包括拍照和录像）活动。狭义上的绿色摄影特指以照相机为工具真实地描绘和记录人类为保护、顺应自然环境而创造的一切绿色主题的图片，且图片呈现给观者的内容和主题与保护生态环境密切相关。

无论是广义还是狭义，绿色摄影都重在强调摄影师在其摄影过程和图片产品全过程都应反映人与自然和谐共生的关系，以符合生态文明价值理念。因而，无论绿色摄影作品中描绘的是大自然孕育的奇特风貌、震撼景观，还是专注于人类与自然界之间共生共存的相互关系，都需要秉持人与自然和谐发展的绿色理念，立足摄影活动全过程，从更加宽泛的维度上传播绿色理念。

绿色摄影有其鲜明的特点，一是生态知识的专业性。绿色摄影以生态知识作为基础。传统摄影门类对于摄影师往往只要求具备一定的艺术审美能力和摄影技巧，而绿色摄影则更要求摄影师必须具备较为专业的生态知识背景，并以此为基础在摄影过程中展现人与自然的关系，表达生态保护理念和绿色主题。二是绿色价值的传导性。绿色摄影倡导拿起相机拍摄身边的生态环境，履行公民的生态保护责任，守护自然资源和生存环境，传播健康向上的绿色文化。尤其是通过揭露人类破坏活动所造成的人与自然的严重对立冲突，激发人类对自身行为模式和生存困境的反思，提升公众社会责任感，共同维护美好家园。三是拍摄过程的生态思想性。真正的绿色摄影既要客观真实性地展示绿色主题，更应强调拍摄行为的生态性，杜绝破坏生态的行为产生。

二、绿色摄影的功能价值

绿色摄影有其独特的多重功能，归纳起来主要有认识功能，教育功能，导向功能，批判功能，科研功能。

一是认识功能。绿色摄影的影像能够准确逼真的传达文字和绘画无法传递的信息（珍稀物种、生物行为、生态失衡、资源枯竭、环境污染、土地荒漠化等），不仅让人们多方位认识已知的生态本底条件，还能揭示生态状况后的原因，通过拍摄作品促进公众的生态认知，更加全面、直观地认识自然规律，理解生态系统。

二是教育功能。绿色摄影不仅客观地记录和描绘生态系统，更要反映出摄影师的生态保护思想，这是绿色摄影教育功能的体现。摄影者通过光线、影调、色彩、构图的选择与丰赡，传达他对于自然生态与人类社会相互作用的思考态度，能够对绿色摄影的欣赏对象产生潜移默化的教育作用。

三是导向功能。绿色摄影在传播绿色理念的同时，也是广义上的生态保护社会监督行为。绿色摄影强调树立生态整体主义观念，抛却错误的人类中心主义观念，以影像展现自然生态与人类社会及其相互关系，可以从思想文化层面引导公众思考人与自然的可持续协调发展。

四是批判功能。绿色摄影摄取的不仅有美不胜收的震撼奇景，还有污染破坏及其严重后果。摄取“真善美”是为了传播自然之美，陶冶情操，拉近人们与自然的距离，让更多的人热爱自然，自觉保护自然之美。摄取“假丑恶”是为了批判环境破坏，激励人们参与到环境保护的行动中，尊重自然，维持生物多样性，减轻环境压力，消除人与自然的不和谐因素。

五是科研功能。专业性的绿色摄影是生态保护科学研究活动的重要组成部分。以照片佐证科学研究，可以非常有说服力的还原真实的自然世界，解释奇特现象，提高科学认知，遵循科学规律，推进科学建设，提升研究能力和研究水平。

绿色摄影的价值彰显具有多重性。绿色摄影是大众参与生态保护的有效活动和传播载体。普通公众可以通过绿色摄影的形式，记录身边的生存环境，参与生态文化建设。利用绿色摄影的方式传播绿色理念，增加生态文化建设的多样性，与其他方式形成合力，从而达到建设绿色文化的效果最大化。从这个意义上来说，绿色摄影不仅是一种生态传播行为，更是一种积极的具有普适性的生态实践活动。我们可以通过欣赏绿色摄影，实现人类生态意识和环保意识的觉醒，提升生态文化的精神品质，推进绿色文化建设；通过绿色摄影的外延拓展，实现生态文明建设、资源环境保护等方面的跨界融合发展；通过绿色摄影的研究学习，倡导人类积极改善生态环境，推动建设生态保护优先的文化氛围；通过对绿色摄影的传播和开发，在社会中形成共识，重新定位人与自然的关系，推动人类自觉保护生态，促进人与自然共生共荣。

当今，绿色摄影发展的广度和深度不断拓展，取得蓬勃发展，体现出公众生态保护意识水平的不断提升。大力发展绿色摄影事业，有助于广泛普及生态环保知识，培养公众的绿色文明意识，繁荣我国的绿色文化，弘扬绿色文明的理念，推动美丽中国建设。

三、绿色摄影的关键与摄影者的修养

绿色摄影是一个系统化的过程。需要综合考虑各个方面的因素。发现绿色题材、进行自然与人文的双重把握，是其实现的两个关键点。

关于绿色题材发现，是绿色摄影活动的前提。绿色摄影的题材源于对自然界和人类社会生活的提炼和选择。现实社会生活中有关绿色、环保和生态的场景，都可以构成绿色摄影的基本材料和基础。摄影者要紧紧抓住被摄主体与自己心灵上的共鸣，并通过摄影技术把这种感受传达出来，并使观者产生同样的共鸣。在面对重复出现的题材时，摄影者要强化“太阳每天都是新的”的概念，以新奇的心态和眼光来看待。通过学习、观察、思考，保持思维的敏捷和思

路的清晰，在老题材上挖出深度，拍出新意。题材的开拓与发展，直接决定照片的信息含量和思想内容的广度和深度。绿色摄影工作者还应不断拓宽绿色摄影题材的范围，努力开辟新领域和新角度。开拓绿色摄影题材的新领域，要把眼光和注意力更多地投向还未为其他摄影者所关注和反映的绿色文化领域，拍摄人类社会以外的更广泛的领域。人类探索世界、了解世界乃至世界以外的地方的愿望和兴趣是无穷无尽的，摄影师应多将镜头对生活中的美好形象和绿色环保风貌，倡导健康文明的时代，为建设人与自然和谐共生的绿色家园提供精神动力和文化服务。

在选定了合适的绿色题材后，拍摄角度也非常重要。不同的拍摄角度，拍出的照片差别很大，拍摄者应在尊重以绿色为主题的基础上，灵活运用拍摄角度表达绿色态度，将再现自然环境和绿色态度紧密结合起来。同时，要想创作出与众不同的绿色作品，就要正确把握绿色题材的拍摄角度，到处走走，四处观察，找出最佳的拍摄视角。在选定了视角之后，摄影者还必须迅速调动自己掌握积累的各种摄影技巧和知识，根据绿色文化主题的需要选择重点、细节、背景、大场景、中景、近景等不同角度拍摄，才能拍出打动受众的绿色摄影作品。

关于自然与人文的双重把握，是绿色摄影的核心要义。现实生活是由自然景观和人文环境共同组成的，这就要求摄影者除了要有扎实的摄影技术，更需要有敏锐的直觉、深刻的理性思考以及坚定的价值取向。对绿色摄影来说，更多的是对人与自然的表达与思考，这就更需要拍摄者在拍摄过程中对自然和人文的双重把握。

具体来说，应该把对自然和人文的把握贯穿到拍摄活动的整体当中。在拍摄过程中，构思分为三个阶段：前期构思、即时构思和后期构思。前期构思是在拍摄绿色题材前，构思观察，思考如何运用摄影语言及其表现手段来表现作品的绿色意境，如使用什么光线、什么色彩，如何构图等。而即时构思是在拍摄一幅作品的之时即运用摄影语言及表现手法来表现摄影作品意境的思维过程。

自然界的许多美好景色都是转瞬即逝的，绿色摄影的瞬间性决定了即时构思成为摄影构思中的一个极其重要环节，在这一过程中，摄影者的摄影技巧和人文底蕴就显得非常重要了。而后期构思则是在拍摄后完成的，就绿色摄影来说，应当追求更多的真实性，所以过多的后期构思我们并不提倡。一个完善的绿色摄影构思有利于摄影者把绿色题材和自己对其的思考结合起来，形成有自身风格的作品，是每一个绿色摄影者都应该学习和注意的。

在把握以上两个关键点的基础上，绿色摄影者应强有内在修养，更加注重受众的绿色需求，更加坚持科学客观生态拍摄行为，更加注重夯实人文、环境的审美基础。

首先，要注重受众绿色需求。通过“绿色镜头”记录生态状况、传播生态理念、揭示生态危机已逐步成为传播绿色文化与生态文明的有效手段。成功的绿色摄影作品不仅更接地气，更加贴近广大民众的心理需求，也有利于提升绿色摄影在群众心理的知名度和认同感。因此拍摄主题要结合公众关心的绿色文化热点问题，要能够引发观者对生态环境问题思考和情感共鸣。既要有草原、原始森林的壮阔作品，也要有社区绿化，城市公共景观的细节探究。只有把自然界的绝美场景与人们息息相关的生活片段联系在一起，才能真正激发受众对绿色的切身感触，才能引起人们内心深处的共鸣。以此来激发全社会关心、支持、参与环境改善的巨大热情，推动绿色文化建设的进程。

其次，要秉持科学客观的生态保护态度。真实性是摄影的基本属性，也是摄影的生命。摄影真实性原则的内涵是所揭示的是真实的主题，而不是虚构的、主观臆造和脱离实际的。摄影者只有选择拍摄角度的权利，没有变动事实真相的权利。

理想中的绿色摄影当是对自然界美好事物的追寻，但在现实过程中对生态破坏行为的揭露也应该成为绿色摄影的应有之义，我们要鼓励开展揭露式、反思式摄影创作，通过绿色摄影的主体构建，真实地反映当前环境破坏、绿色缺失等种种负面现象，通过视觉上的巨大冲击，进行生态保护的社会文化反思，真正推动绿色发展和社会进步。

第三，绿色摄影者必须注重夯实人文、环境的审美基础。绿色摄影不单单是对绿色和环保的简单记录，还应反映出拍摄者自身的审美情感要素。在绿色摄影界能看到一个普遍的现象，优秀作品的拍摄者大多是对环保或者动物保护有着长年观察的深度爱好者，甚至本身就是知名的植物学家或生态保护领域的社会活动家。他们之所以能拍摄出优秀的绿色摄影作品，就是因为长期以来积累的生态环保的系统思考和切身感悟。有了这种深刻的绿色人文情怀和思想基础，拍摄出打动人心的生态摄影作品就是水到渠成。所以，对有志于接触绿色摄影的人来说，必须要真正地深入到环境中，关心自然界，关注身边每一处细小的绿色事件，有能力的还应该阅读相关书籍，丰富生态人文背景 ，增强对相关题材的了解，只有提高自身对环境和人文的感悟能力，才能在进行绿色摄影的过程中有所斩获，才能使自己的作品富有更加深刻的内涵。

四、积极引导公众参与绿色摄影

在互联网背景下，微博、微信等新媒体传播方式的活跃，人类进入了读图时代，基于图片语言的传播行为，更加贴近公众需求。此外，随着相机价格的不断亲民化，摄影的门槛越来越低，“人人都是摄影师”的到来，为引导公众参与绿色摄影提供了难得的发展空间。

就摄影本身来说，我们应当鼓励拍摄者之间进行适当的“较量”，来提高彼此的拍摄水平。绿色摄影也是一样，不同经历的人面对同一个绿色题材可能会做出不一样的审美判断，从而用不同的镜头语言表达出来。从摄影的发展历史来看，不同规模的摄影比赛或者频繁的切磋机会可以很大程度上培养拍摄者对某一题材的兴趣。比如国内近几年非常具有影响力的“雪花——中国古建筑摄影大赛”，就在短时间内迅速培养了一批古建筑摄影爱好者，进而有效地提高了民间的古建筑保护意识。

在国际上，有许多具有重大影响力的环保摄影大赛，比如阿特金斯环保摄影大赛（Atkins CIWEM Environmental Photographer）是历史最悠久的绿色摄影大赛，它为环境摄影师提供了展示自己的绝好舞台。类似的还有“世界环保摄影奖”，它关注二十一世纪人类最热门的话题：可持续发展。该奖由瑞士最大的私人银行发起，每年评选出一名获奖者，奖励10万瑞士法郎（约合8.54万美元），对许多私人摄影师有着很大的吸引力。

与此同时，在国内随着绿色摄影的兴起，与“自然影像中国”、影像生物调查所（IBE）、野性中国、黑豹、猫盟等少量专业平台汇聚优秀自然生态摄影师和一流科学家不同，大众化的绿色摄影还缺乏专业化的指导。就总体而言，大都还停留在摄影爱好者对当地美好风光的拍摄和地区内的交流上，还没有形成广泛的社会影响。当前依然缺乏有影响力的国家级绿色摄影大赛，使普通大众的优秀绿色摄影作品没有交流沟通的平台。如何吸引社会、公众更多地关注绿色摄影，鼓励更多的摄影人、年轻人参与到绿色摄影活动，是今后绿色摄影发展的重要工作。因此，应大力发展绿色摄影相关社团，结合生态文明理念的普及，鼓励公众开展绿色摄影活动，适时举办全国性的绿色摄影大赛，给予摄影爱好者更高的展示平台，同时也通过绿色摄影作品搭建积极的绿色教育传播平台。

（郭轶芳）

第七章　绿色互动

互动指彼此发生作用或变化的过程，包括人与人、群体与群体之间的沟通行动而产生的依赖作用，积极或消极。“互动”就是发生在传播者与受传者之间的行为或行为的可能性。通过沟通交流以及不同形式的活动达到思维意识上的共识。

绿色互动，即将可持续发展理念落实到各部门各机构媒体的联系沟通协同全过程，以生态环保系列活动为载体，注重多元协同传承创新绿色文化，进而构建可持续发展的社会文化互动体系。

一、绿色互动的要素

（一）互动主体

绿色文化建设基于各种环保活动，通过校园、政府、企业、社会之间的积极沟通形成良好的组织体系，加以媒体机构的配合，达成共同创建生态文明的共识，用实际行动践行绿色发展理念．从学校内部来看，互动主体包括师生；从社会层面来看，包括学校与政府、企业、社会组织等主体的互动。

（二）互动平台

就学校自身而言，绿色教育平台、绿色科研平台、绿色实践平台等在内都是绿色互动有效实施的平台。比如北京林业大学建立的国家生态文明教育基地、首都大学生环保志愿者协会等组织都是凝聚各方资源的高层次绿色互动平台，有助于利用组织基地的宣传号召能力，引导青年学子投身于国家的生态文明建设。对于一些大型活动，“绿桥”及“绿色长征”等，通过现代媒体及相关部门的积极参与，在发动青年学生参与建设生态文明中起到引领和示范的作用。绿色互动平台的搭建还包括网络信息平台的构建，比如网站互动、微信互动、微博互动。在网络平台上能够更加便捷地构建完整的互动交流体系，促进政府、企业、社会公众多元参与，为绿色互动的开展提供沟通平台。

（三）互动内容

绿色互动的根本目标是实现可持续发展，包括自然生态保护建设、资源的高效利用率以及人与自然的和谐相处等内容，需要政府、企业、高校、社会等各方面发挥各自优势，深入开展绿色生态文化建设活动，将绿色理念深入人心，从而构建绿色教育和实践体系，进而产生社会公众引导作用。

二、绿色互动的意义

（一）绿色互动的重要性

1. 具有双向传播效果。与单向传播相比，互动传播有着更好的传播效果。就绿色互动而言，与政府单方面号召生态环保行动相比，社会各界的有效联系沟通、青年学生和公众的全面实践的传播效果更广泛、更多元。特别是发挥青年学生作为生态环保理念的受传者、生态文明的建设者和传播者的多重作用，充分发挥才智，用实际行动传播生态环保理念，有助于带动更多的人加入生态文明建设行列中。

2. 履行社会责任。通过青年大学生与政府、企业、社会公众的互联互通，将绿色理念意识加以有效扩散，更有利于生态文明的发展和社会风气的转变。社会价值是多种价值体系的体现，绿色互动往往超越个人价值，建立了履行社会责任的行动载体，可在不同群体对象中有效传播绿色发展理念，进而为更积极向上的生态文化社会价值构建提供基础。绿色互动明确各个主体的行为激励方式，有助于个方达成责任共识，明确各方面的可持续发展责任价值，体现社会价值与生态、经济价值的有机结合。

3. 倡导生态价值。自然界对人类存在的价值往往体现在生态价值上。绿色互动立足人与自然的和谐相处目标，有效利用各方资源，搭建层次多样的沟通互动平台，让人群与大自然进行深度沟通，将绿色生产生活方式的形成落到实处。就高校而言，要立足人才培养、科学研究、社会服务、文化传承创新、国际合作等功能，积极落实绿色理念，加强与社会各界的联系，大力倡导绿色校园建设和可持续大学建设，进而成为推动绿色发展的主力军。

（二）绿色互动的作用

1. 对社会可持续发展的现实影响。生态文明建设是当今社会的主流趋势。高校通过与政府、企业及社会不同群体的沟通互动，借助学校组织和平台优势进行绿色传播引导和创新实践，进一步推动可持续发展，推动整个社会走上生产发展、生活富裕、生态良好的文明发展道路。同时，绿色互动可加深人与人、群体与群体间绿色理念的碰撞交流，催生出更多的创新智慧，对社会发展进步具有重大的意义。

2. 对文化传承与创新的影响。文化传承与创新是学校建设需要承担的重要任务。绿色互动强调调动青年学生的积极性和创造性，亲身参与绿色环保实践，努力传播绿色文化理念，从而示范引领社会生态文明建设。从这个角度讲，绿色互动不仅仅局限于校园，而是绿色文化在校外对象中发展的重要体现。

三、绿色互动的构建

（一）把握绿色互动主体

一是开展受众分析。当今的互动，受众群体具有规模的巨大性、分散性、异质性等特点。绿色互动必须以受众分析为前提。就学校的绿色互动，需要结合校内校外的需求，分析确定互动文化传播的重点受众群体。其中要充分考虑互动形式对传播过程发挥的双向制约作用，师生及社会公众对绿色媒介信息的选择性接触等一系列因素。

二是明确互动路径选择。根据校内师生、社会公众等不同群体，绿色互动沟通和信息传递的路径应有各自侧重。在学校内部，绿色互动的任何形式，必须把握校内师生这一最终信息接受者的需求，更多强调科学性、普及性和实践性，重视绿色价值导向的塑造。对于学校与社会的绿色互动，需要充分发挥政府部门、媒体机构的媒介作用，加大绿色传播的覆盖面。

无论是哪个层面的绿色互动，都应在确定基本主题的前提下，注重发挥政府、企业的作用，注重从达成思维意识共识出发，坚持以实践为基础开展绿色互动主题活动，并借助网络载体，将受众范围尽可能扩大，从而形成大规模的绿色影响。

（二）构建绿色互动平台

无论对于大学校园还是社会公众而言，绿色互动必须明确平台类型，实体互动平台、网络互动平台各有特点，需要发挥各自的信息交换优势，大力宣传美丽中国建设，促进多主体之间的深度合作。

从政府、企业、社会公众、学校四方面来看，都必须摒弃闭门造车的封闭思维，倡导通过建立交流合作平台，强化与各界的信息传递和价值引导。在此平台上，可集成新闻、电视、广播媒体等媒介，强化传递信息，加强各方合作，带动社会形成绿色发展的风气。

要把握平台发展趋势，学会运用互联网平台进行实践宣传，例如建立微信平台、微博。借助信息化数据大力推进绿色互动，彰显绿色互动信息的广泛传播，这也恰好符合绿色环保的主题，拥有成本低、效率高的特点。

（三）确定绿色互动内容

绿色互动的内容具有系统性、多样性等特点。根据当前生态文明建设社会动员的情况来看，以大学为主发起方的绿色互动主要包括以下内容：积极与政府环境保护和自然保护部门联络，举办绿色主题讲座活动，宣讲中国生态文明现状及未来展望；动员校内师生与绿色环保企业合作开展绿色环保公益活动，并借助媒体机构大力宣传；充分利用植树节、地球日、熄灯一小时等纪念日号召成立志愿者团队，搭建网络互动平台，邀请社会公众人物和公众作为志愿者参与，共同完成保护绿色、清除污染的志愿活动，感受人与自然的和谐共处，加强学校师生及社会公众的环保理念。

四、绿色互动的组织

绿色互动是很好的绿色实践活动形式。对于学校而言，要充分发挥学生的主体角色，通过他们与社会公众的沟通，将绿色文化理念大力传播，使绿色理念深入人心。同时，要通过构建多样化的人与人、群体与群体交流沟通平台，有针对性地融入社会文化，协同学校师生与社会公众共同诠释绿色互动这个主题。

（一）加强内部资源整合

在学校内部，要发挥学生的主体作用，形成学生与教师之间的互动，提出绿色互动创意，进行绿色互动策划，搭建绿色校园互动的网络平台，为绿色校园建设和对外开展绿色互动奠定基础。

（二）开展横向的社会互动合作

学校的绿色互动必须坚持开放合作，走出校门，面向社会，与政府部门、企事业单位和公众举行喜闻乐见的互动公益活动，借助媒体机构，共同传播绿色发展理念。要充分利用社会的资源优势，更大范围提升绿色互动的水平，共同营造良好的生态文明建设氛围。

（三）重视与媒体的互动

无论与师生还是社会公众的沟通，媒体机构是必不可少的互动平台，通过“绿桥”和“绿色长征”活动的认可便看出媒体介入的重要性。通过媒体的介入，可以使活动的形式更加丰富，宣传力度进一步扩大，在媒体的帮助下，可以联系相关知名人士参与其中，提高知名度，为今后的活动开展打下良好的基础，同时可以让大众对绿色理念有更加深入的了解。

（王晓旭）

第八章　绿色课堂

课堂是学生学习知识技能、体验丰富人生，满足生命成长需要的地方，是学生学习的场所。“绿色”象征着自然、本真、健康、尊重，象征着个性、丰富、和谐和可持续发展。“绿色课程”呼唤充满生命活力的课堂，给学生提供健康成长所需的生态土壤，培育学生更好地成长成人。“绿色课堂”是基于自然性生态化的本色育人课堂，也是基于生命自主成长的行为更新与自主完善的课堂，实现绿色科学教育与绿色人文教育相融共生。

一、绿色课堂的特征

绿色”代表生命，代表健康，代表活力，是充满希望的颜色，21 世纪的生活与绿色密切相关，绿色不仅仅是由树木、花草构成的风景，而且是安全、健康、清洁等等美好事物的象征。“课堂”是指课堂是教师通过知识传授培养学生能力促使学生个体成长与发展以及师生生命得以展现的教育场所。

从两者融合的角度来讲，“绿色课堂”就是利用课堂主渠道，传播绿色文化、讲授绿色知识、探讨绿色问题，培养学生的环境意识和相关知识的总称。

绿色课堂是传播绿色知识的殿堂，浸润着绿色的生命底色，是师生绿色知识学习和交流的主阵地，具有绿色、人文、开放等特征。

（一）绿色的课堂

绿色本是一种颜色，随着全球经济发展、生态环境变化，人们赋予了它更广更深的人文性含义，绿色象征自然、和谐、充满生机和活力。绿色课堂要求制定学科教学渗透环境教育的制度，通过环境熏陶、学科渗透等途径，开展绿色课堂教育，把培养环境保护意识、爱护美好自然的情感和生态文明理念作为课程建设的目标要求，把环境教育渗透作为教学和讲座的重要内容来体现，实现课内外相结合，增强环境意识，培养人文素养、提高绿色行动能力和塑造生态文明理念，拓宽绿色教育途径。

（二）人文的课堂

绿色课堂是人文的课堂，绿色课堂面向全体学生，不仅是生态环境教育的课堂，更是民主、人文、和谐的现代教育方式，是通过师生平等参与的系列行为实践活动来提高全体师生的环保素质的综合性实践活动。因此，以“提高生活质量，提升人们生命状态”为出发点和归宿点，把课堂教学作为对学生进行绿色教育的主阵地，强调教学应与环境保护协调发展，追求师生与教育生态的和谐。“以人为本”是绿色课堂的重要体现，绿色课堂将“为知”和“为人”有机地联系起来，进行各种人文的交流和思维的碰撞，并进行人文精神素养的渗透，使绿色课堂产生轻松感，感受课堂人文的精神。

（三）开放的课堂

绿色课堂可以有效地帮助学生熟练掌握和应用所学的学科知识，鼓励学生将课堂所学的知识与现实的世界建立起联系，特别是将所学的知识与绿色知识、现实世界的任务和问题之间建立一定的联系，从而发展学生较高水平的理解能力。开放的绿色课堂要灵活多变的选择和组合各种教学行为，接纳包容各种思想，精心创设开放的教学环境，精心创设民主、平等、和谐的教学氛围，激发学生浓厚的兴趣，调动学生的积极情绪，发展学生的创造思维，培养学生的创新精神和创新品质；要精心的选择教学内容，从学生的生活实际出发，根据教学所需，可适当地对教材进行删减增补。

二、绿色课堂的类型

绿色课堂形式多样，主要可分为三类，以绿色事迹报告传播绿色文化，以绿色科普讲座讲授绿色知识，以绿色学术报告探讨绿色问题。

（一）绿色事迹报告

绿色事迹报告可分为集体事迹材料和个人事迹材料。集体事迹材料是体现群体在绿色事业、活动中先进事迹；个人事迹材料是体现个体在绿色活动中的突出贡献的事迹材料。绿色事迹报告鲜明地体现和积极宣扬一种当代所需要的生态环保精神。事实必须真实、可靠，有一定的感染力和引导能力。能够让普通大众，通过了解集体或个人的绿色生态活动的先进事迹，自身受到启发，能够从身边的点滴小事中爱护环境，保护生态。

（二）绿色科普讲座

绿色科普讲座是以讲座开展生态文明知识科普教育的形式。换言之，它是以普及生态保护科学知识为内容和目的的讲座。讲座通过讲演者的口传面授，把绿色科学知识传递给受众，具有形象、生动的良好效果。通过绿色科普讲座，把一些日常生活中能够注意的环保知识教授给大家，比如：PM2.5 的来源、危害与防治，观赏植物对室内有害气体的净化作用及养护技术，室内环境污染与治理等等都属于绿色科普讲座的类型，就是为了让大家能够通过讲座，能够重视和解决日常生活中的生态问题。

（三）绿色学术报告

绿色学术报告主要指向他人讲述自己对于生态文明，环境保护方面的研究成果、学术心得的讲座或报告。绿色学术报告是研究生态和环境保护方面的专家一起进行学术交流，提高大家教学和科研水平的有效手段，它所涉及是生态环保前沿性的研究和进展，这有助于老师和大学生名及时掌握科研动态，能够互相借鉴，丰富知识，完善自我具有极其重要的作用。

三、绿色课堂的意义

绿色课堂是全面和谐的课堂，是活泼生动的课堂，是自主开放的课堂。绿色课堂对于提高公众生态文明意识，加强社会生态文明建设和传播绿色文化具有重要的意义。

（一）提高公众生态文明意识

开展“绿色课堂”，让更多的普通居民能够了解生态文明，学习环境保护知识，是我国民众的迫切需求。2007 年 12 月，由联合国开发计划署、国家环保总局宣传教育中心和商务部中国国际经济技术交流中心共同发起的“中国环境意识项目”的调查数据表明：总体来看，公众对于环境科学知识的实际知晓率偏低，目前人们对于环境科学知识认知广度较低。随着人们的生活水平的提高，人们对生活质量提出了更高的要求，对洁净的空气、清洁的淡水和绿色食品等生态条件和良好生态环境的需求越来越迫切。

（二）加强生态文明建设

“生态文明”这一概念首先在党的十七大报告中被提出；党的十八大报告提出了“大力推进生态文明建设、走向社会主义生态文明新时代”的奋斗目标；党的十九大报告提出“建设生态文明是中华民族永续发展的千年大计”，并“实行最严格的生态环境保护制度，形成绿色发展方式和生活方式，坚定走生产发展、生活富裕、生态良好的文明发展道路，建设美丽中国，为人民创造良好生产生活环境，为全球生态安全做出贡献”。党的十九大将生态文明建设纳入国家的基本方略中，并将生态文明写入修改后新修订的宪法中，凸显了我国生态文明建设的新的历史意义。绿色课堂作为生态文明教育的传播途径，绿色课堂的组织者和宣讲者应该利用自身在“生态文明建设”方面的学科专业优势和人力资源优势，积极响应建设生态文明的号召，向社会相关领域开展“绿色课堂”，为国家生态文明建设积极贡献力量。

（三）传播绿色文化的重要手段

随着人类创造的物质和精神财富的不断增加，自然资源的不断使用，人类对自身的生存环境进行重新审视，生态文明作为一种新的文明形式便应运而生。打造“绿色课堂”，是弘扬生态文明，传播绿色文化，传播绿色信息、科普知识，提高普通民众环境保护意识的重要手段之一。

四、绿色课堂的实施

绿色课堂需要一定的组织和实施才能正常开展，色课堂主要包括活动策划、前期准备、现场组织、后期总结等四个部分，这四个部分相辅相成，共同组成一次完整的绿色课堂。

（一）教学策划

教学策划是提高绿色课堂质量的重要方案，一份可执行、可操作、创意突出的策划案，可有效提升绿色课堂的效果。绿色课堂的活动策划是一种策略，它是绿色课堂的组织者为了达到一定的目的，充分调查课堂环境及相关联的环境的基础之上，遵循一定的方法或者规则，对未来即将发生的事情进行系统、周密、科学的预测并制订科学的可行性的策划方案。绿色课堂的活动策划主要包括主题选择、主讲嘉宾邀请、撰写活动策划书等部分。

1. 主题选择。主题是一项活动的指导思想、宗旨和灵魂，是统领活动各个环节的“纲”，并贯穿活动始终。在选择时要针对“绿色课堂”的不同类型，围绕当下的生态文明建设重点和时事热点，确定适合课堂受众群体的相应主题，且要求语言凝练富有内涵。绿色学术报告的主题选择要更关注有关绿色生态、环境保护等方面的学术前沿信息；绿色事迹报告在主题选择方面要更关注绿色新闻报道，可以是人专家学者、政府官员的绿色事迹。也可以是普通百姓的绿色事迹；绿色科普讲座的主题选择要更贴近听众的生活，更富趣味性一些，例如北京林业大学“生态文明建设”博士生讲师团，该社团以“传播绿色文化，引领生态文明”为宗旨，致力于为首都各街道社区、大中小学及其他相关企事业单位提供生态文明相关知识志愿宣讲服务。

2. 主讲嘉宾邀请。结合活动主题，选择主讲嘉宾，尽量多的搜集主讲嘉宾的联络方式，通过发送邀请函及邮件或打电话的形式，表明邀请意图，简明扼要地说明“绿色课堂”形式、目的、时间、听众人数等，并询问主讲嘉宾的个人意见或建议，根据嘉宾的要求对主题或课堂形式、规模再做适当调整。邀请主讲嘉宾的过程中，可以多从熟悉的嘉宾进行邀请，高校的邀请本校的嘉宾可能相对简单些。绿色课堂的组织者应与主讲嘉宾建立好友谊，这样在嘉宾邀请中可能会比较容易。

3. 撰写活动策划书。撰写策划书是活动策划的书面表达，也是活动策划的重要体现。策划书是一个活动的指南，应该在任何一种类型的“绿色课堂”开始之前两周准备完毕。策划书通常由一些固定的模块构成，主要包括活动基本情况、宣传方案、运作方案和人员组织四大部分。活动基本情况下面包括活动主题、目的和意义、活动时间、地点、主讲嘉宾及简介；活动宣传方案中包括活动的宣传时间、宣传方式及宣传项目；活动运作方案下面应包括实际运作的计划安排、前期、现场和后期的具体运作流程；最后的人员组织中包括人员安排、活动任务安排及经费预算。

（二）前期准备

“凡事预则立，不预则废”，充足的准备是保证一项活动成功进行的前提和保障。“绿色课堂”的选题和策划工作完成后，就要立即着手具体活动的准备工作，主要包括立项书递交、场地申请、活动宣传、选定主持人、撰写主持稿、物资准备等相关事宜。

1. 活动立项。完成策划后，及时进行活动立项，具体流程主要为：填写活动立项表，填写拟申请支持的经费，打印并交到相应负责的部门审批，签字盖章。一般的活动立项书应包括绿色课堂的主题、绿色课堂的举办时间、开展绿色课堂的预算、举办绿色课堂的目的、绿色课堂讲授的主要内容等部分。

2. 场地申请。一般于绿色课堂前一周完成场地租用工作，便于为后续活动开展做好准备。场地申请时，应按照所在单位或学校的会议室或教室的借用申请单或使用模版来如实填写，内容一般都包括使用单位、申请人及联系方式、是否使用多媒体、使用时间、参加人数、用途及保证等，在使用用途一栏要说明活动的主旨、目的和意义。

3. 活动宣传。绿色课堂的活动宣传主要起到对活动广而告之的作用。通过宣传，既能保证听众的数量从而确保“绿色课堂”的规模质量，也能让更多的人从“绿色课堂”中受益。常见的宣传形式主要有海报宣传、发布前期新闻稿的网络宣传、论坛宣传、QQ、微信、飞信、微博、人人主页等社交平台的宣传。海报宣传及新闻稿一般在活动前 2 –3 天完成，留出至少 2 天的宣传时间，社交平台的宣传需要重复，可以进行不同时间段内宣传信息的多次推送，以增强宣传效果。

4. 选择主持人及撰写主持稿。高校的绿色课堂可选择研究生会或学生会的工作人员担任活动主持人，企事业单位的“绿色课堂”可选择“绿色课堂”项目的联络人或筹划人担任活动主持人。主持人要根据“绿色课堂”的主题、主讲嘉宾个人简历提前写好主持稿，按照一般讲座主持稿的特定书写体例来撰写。同时，制作一张该讲座的 PPT 背景及主讲嘉宾简介，“绿色课堂”开始前可与主讲嘉宾做适当沟通。

5. 其他准备工作。准备相机及 DV 以便于采集活动现场的照片和视频；准备“绿色课堂”活动现场需要的物资，包括横幅、送给主讲嘉宾的手捧鲜花或礼品、主持人和主讲人的台签、桌花、纸、签字笔、纸杯、茶叶、热水壶、矿泉水、胶带等；如果“绿色课堂”需要对听众进行签到和量化考核，要准备签到表或量化条；如果

"绿色课堂"规模较大，邀请的主讲嘉宾较多，可以安排礼仪人员到活动现场。

（三）现场组织

现场组织是"绿色课堂"顺利进行的重要保证，现场组织需要主办方的大力支持。无论是学术讲座、科普报告还是事迹报告，"绿色课堂"活动现场的组织需要负责部门的各方协调来确保活动的顺利进行，具体包括如下六个关键步骤。

1. 工作人员须提前1小时到活动现场，确保活动场地可以正常使用。提前到场以防场地不能使用，再进行协调以确保之前确定的场地能够正常使用。

2. 活动现场布置，包括悬挂讲座条幅或进行"绿色课堂"主题的LED屏展示；进行多媒体、话筒、灯光等设备的调试；拷贝并播放活动背景PPT及背景音乐，拷贝主讲嘉宾的PPT；安排量化签到工作及摄影摄像任务。一般提前30分钟完成现场布置工作，以保证后续工作有条不紊地进行。

3. 接待主讲嘉宾及到场听众，安排听众签到，如果规模较大，还要在前期设计座位图，讲座当天按座位图引导大家就座。主讲嘉宾到后准备"绿色课堂"的开始。

4. 准时开始"绿色课堂"，先由主持人主持开场，并介绍主讲嘉宾及到场的领导嘉宾等，再由主讲嘉宾上台进行讲授或汇报。"绿色课堂"进行的时间由主讲嘉宾可以根据主办者的要求适当调整，具体事件具体时间。并依据"绿色课堂"规模、时间等安排听众和主讲嘉宾的互动交流环节。摄影摄像人员在"绿色课堂"进行过程中，可以对现场进行拍照或者录像。

5. 结束后为主讲嘉宾献花或赠送礼品，"绿色课堂"的相关组织参与人员与主讲嘉宾合影留念。并对主讲嘉宾以及能够来参与“绿色课堂”的师生表示感谢。

6. 活动收尾。整理活动场地，并回收相关物品。标志“绿色课堂”现场活动结束。

（四）后期总结

在构建“绿色课堂”过程中，总结也是必不可少的一个环节，在总结中可以发现问题，总结经验，为今后“绿色课堂”的构建和完善提供参考和指导。

1. 及时发布后期新闻稿。活动当晚联系照相人员拿到活动照片，于活动结束后尽快完成后期新闻稿撰写，由活动负责人过目审核，审核无误后将新闻稿在网站上进行发布，后期新闻稿是对“绿色课堂”情况的一种总结，也是对“绿色课堂”活动的一种宣传，更是对提高大家爱护生态、参与环保意识的一种关注。

2. 活动总结。主要是对“绿色课堂”构建的整个流程进行总结，可以帮“绿色课堂”的组织者了解在整个“绿色课堂”创建活动中遇到的一些问题并及时进行改进，以使后期活动能更高效地进行；对活动过程中产生的相关费用进行登记并报销；做好电子资料整理收集工作。

五、开办绿色课堂注意事项

“绿色课堂”在构建中并不是千篇一律的，每次组织的内容、形式也不会完全相同，所以“绿色课堂”在建设中应该注意以下几个方面：一是注意课程选题的可行性，而是注意课程的系统性，三是注意课程发展的延续性，四是注意课程形式的多样性。通过这四个方面的注意事项，在建设“绿色课堂”的过程中，积累经验，不断进步，并积极和其他单位和高校合作，取长补短，为把“绿色课堂”建设成为学术交流的精神殿堂，生态文明的重要宣传窗口，绿色文化的重要体现。

（一）注意课程选题的可行性

课程选题要紧紧围绕“绿色”展开，结合“绿色课堂”的概念，尽可能多地搜集有关绿色文化、绿色知识、绿色问题方面的主题，选题要符合“生态文明建设”的时代背景，同时要求在该选题下可以找到与之密切相关的主讲嘉宾，选题内容要紧扣理论界热点及时事热点，以引起听众共鸣。

同时，要注意不同课程类型选题的侧重点有所不同，绿色学术报告的主题选择要更关注有关绿色、生态、环境等方面的学术前沿信息，相对更专业和问题导向，可以多关注一些生态学方面的期刊及会议等；绿色事迹报告在主题选择方面要更关注绿色新闻报道，注重时效性和对听众影响的深远性，可以多关注一些绿色新闻网站、环境保护方面的大会及评选等；绿色科普讲座的主题选择要更贴近听众的生活，相对微观、通俗易懂及富有趣味性，可以多关注身边有关环保、绿色知识的调查及新闻报道等。

（二）注意课程内容的系统性

在构建“绿色课堂”过程中，要注意使整个课程内容体系具有一定的系统性。首先，课程内容安排上要有具有整体性，即不同主讲嘉宾讲的内容核心应该是互相关联的，无论哪种课堂类型，在内容安排上要避免重复，但要有彼此的相关性，不是相互孤立的，这在确定课程选题及主讲人的选择上需要考量和沟通；其次，要有阶段性，不同时间段内学术界或新闻界关注的绿色焦点是不同的，在有关绿色、生态、环保问题的探讨上面也是有不同侧重角度的，比如出现极端气候、雾霾天气等，绿色焦点可能就是针对大气污染及治理的，若出现了水污染的恶性事件或相关治理案例等，绿色焦点可能就转移到针对水体污染的研究上面，因此，在课程内容安排上要突出这样的阶段性，与绿色时事热点紧密相关；最后，课程内容的设计要有积累性，比如像绿色科普报告这种课堂类型，可以安排每讲的内容逐步深入，一个大选题下的细分内容不断细致化、专业化，让听众从课堂所获知识有一个由易到难、由浅入深的直观感受，每次从课堂得到的感悟都有一个提升。

（三）注意课程发展的延续性

课程设计要有延续性，这样可以给听众一个更为直观和全面的认识，比如绿色事迹报告这种课堂类型，在选题和寻找主讲嘉宾时要注意有一个连续性，假设选择绿色中国年度人物来做个人事迹汇报，那么可以形成一个长效连续的机制，每次课邀请一名，这样几节课下来，大家可以对某一年的绿色年度人物有更加全面的了解，自对不懈坚持、默默无闻从事环保建设的“绿色英雄”有更深入的认知，对从哪些方面关注生态环境，如何要求自己并带动身边人增强环保意识、投身环境保护事业有更深刻的体会。因此，注重课程发展的延续性可以更好地增强“绿色课堂”的效果，也更易被听众所接受。

（四）注意课程形式的多样性

前面有关“绿色课堂”概念的部分介绍到“绿色课堂”有三种类型，绿色学术讲座、绿色事迹报告以及绿色科普报告，在创建

“绿色课堂”时，应该关注到这一点，也就是课程形式的多样性。“绿色课堂”可以是学术讲座，可以是事迹报告，也可以是科普报告，可以采用一对多或多对多的形式，可以是单纯的讲授、可以是讲授加问答式交流，也可以是纯粹的问答形式，主讲嘉宾专门针对大家对生态、环境方面的问题进行解答，还可以是一对一的访谈形式。对“绿色课堂”的参与者和受众群而言，课程形式越多样，对他们越具有吸引力，同时，可以为听众提供越多的选择、思考和交流的空间，更好地实现构建“绿色课堂”的预期效果。

（林龙圳）

第九章　绿色博物馆

根据《国家文物事业发展“十三五”规划》，截至“十二五”末期，全国博物馆总数达到4692家，其中国有博物馆3582家、非国有博物馆1110家，免费开放博物馆4013家，全国平均29万人拥有1家博物馆。我国博物馆的类型多样，包括历史文化与综合类馆、纪念馆类、自然科技与专题类馆、遗址类馆和一批高校博物馆。

作为典藏、陈列和研究代表自然和人类文化遗产实物的场所，博物馆肩负为公众提供知识、教育、欣赏等多种文化教育功能，在实施可持续发展战略中发挥着越来越重要的作用。近年来，以绿色化为核心的生态文明理念正在全面融入经济社会发展全过程。博物馆理要主动顺应社会发展的需求，勇担社会责任，将绿色低碳发展纳入建设管理、教育展览的全过程，确保博物馆在促进世界可持续发展的文化驱动中做出新的探索，发挥示范引领作用。

一、绿色博物馆的内涵外延

绿色博物馆是一个综合性概念，其内涵丰富，外延正在不断拓展。2015年，国际博物馆协会（ICOM）特别提出，博物馆要致力于建设一个可持续发展社会，凸显出博物馆推动公众提升可持续发展要求的重要作用，反映了绿色博物馆概念的与时俱进。我们认为，绿色博物馆内涵的基本内容应包括硬件建设的节能低碳化、教育社会服务功能的绿色化、管理运营理念的生态化等方面。

（一）博物馆硬件建设的节能低碳化

博物馆的硬件建设是发挥博物馆功能的根本物质前提。从规划设计、施工建设到布展陈设等硬件基础建设各方面，突出节能低碳化，是绿色博物馆建设的应有之义。博物馆类型丰富多样，根据功能可分为综合类、社会科学类、自然科学类、古遗址类、名人故居类、文化艺术类，需要针对不同类型博物馆的目标设定，积极倡导低碳建设，将博物馆建设与加强生态环境保护结合起来，既要彰显低碳新理念，也要提高能源资源利用效率。要注重将生态友好、环境友好等要求引入博物馆展室布置，营造人与自然和谐相处的博物馆场景，努力做到一展一品、一展多景。同时，材料和设备设施的使用和陈列改造要尽量采用绿色、环保、节能技术和新材料。

当前，部分博物馆建设存在盲目跟风、超前建设现象，重建筑轻功能等突出问题，对此应该引起重视。我们要克服单纯求大求新的错误倾向，树立整体可持续性规划思想，通过科学的规划设计，尽可能地降低建筑对生态环境的影响，营造和谐永续的空间环境，将硬件建设的低碳节能化真正落到实处。

（二）博物馆教育研究、社会服务功能的绿色化

博物馆的价值在于展示、教育、研究和社会服务，绿色化应贯穿博物馆功能发挥的始终。具体而言，绿色博物馆要面向大众开放，立足教育、研究、欣赏等多目标，征集绿色展品，加大研究力度，发挥文化育人的公共服务功能。要坚持以多角度、全方位的绿色深

度教育传播，创造培育绿色博物文化产品，体现人文科学与自然科学的深度结合，反应社会科学的人文道德理念，在人文中挖掘自然科学的内涵。

更重要的是，博物馆服务功能绿色化要体现在“人本关怀”方面，推动博物馆从“藏品中心”向“公众中心”的转变。博物馆要着力增强馆内导览服务的人性化，解决信息对受众传递单向化，缺少参观者参与性互动问题，不断增强教育效果和吸引力。

（三）博物馆管理运营过程的生态化

突出非营利性，社会服务性、实物展出性等特点，实现有活力的可持续发展，是博物馆管理运营过程生态化的具体表现。博物馆管理运营要树立品牌意识，运用大服务管理、知识体系管理、智慧博物馆管理等新思想，推动博物馆管理向可持续发展转变。要立足博物馆自身使命和功能定位，不断提升服务理念，强化服务意识，拓展服务空间。

面向未来，实现博物馆管理运营的生态化，要在巩固传统的核心功能基础上，畅通连接文化传统和现代性之间的双向通道，与现代社通过富有特色的多元展示、教育活动，与公众分享人类共同拥有的文化资源。

二、绿色博物馆的建设重点

绿色博物馆建设具有系统性、综合性等显著特点。本文仅就增加博物馆硬件建设的绿色辨识度、强化博物馆管理使用的节能低碳、打造博物馆馆藏建设的特色性、推动博物馆建设走向开放，以及提升网络数字博物馆建设等方面进行阐述。

（一）增加博物馆硬件建设的绿色辨识度

增强绿色辨识度是绿色博物馆硬件建设的重要指标。博物馆的整体设计应体现可持续发展文化要求，做好各种导引设计，加强博物馆绿色信息的传达，布展的主体设计风格要与博物馆的建筑风格保持一致，强化博物馆的特色。

增强绿色辨识度，也应在营造绿色气氛、构建绿色展出、展示绿色感受等方面下功夫。要积极运用复原、景观、对比、生态等多种手段的叠加，以富有生命力的陈列，加强科学普及和环境自然教育，提升博物馆的绿色教育识别度。同时，对博物馆纪念品制作进行生活改造，加大生态文化创意产品开发，增加博物馆纪念品的活度。

此外，科技、（当代）艺术、自然、民族、民俗、工业遗产、二十世纪遗产、非物质文化遗产等专题性博物馆和生态、社区、数字博物馆等新形态博物馆应该创新发展理念，统筹兼顾收集和保护、教育和研究、开放和服务内在职能，进一步采取措施，增强绿色辨识度。

（二）强化博物馆管理使用的节能低碳

绿色博物馆要在符合公共建筑节能设计标准程度基础上，从耗电、耗水等管理使用方面，实现节能减排，规避能源浪费过高、建设标准过高、运营费用过高等问题。绿博物馆要在满足藏品保护要求的前提下，对博物馆的建筑材料、室内空间形式与规模、设备选用等方面采取措施，以节省博物馆建成后的运营成本。

在这些方面，已经有很多很好的范例，如建筑面积近 20 万平方米的中国国家博物馆，在改扩建工程中便十分重视节能减排工作，严格控制建筑的体型系数、窗墙比参数，在出入口增加了避风阁，以减少馆内外在不同季节的冷交换和热交换；同时，利用波谷电耗采用冰蓄冷方式降低了运行成本；利用变频技术节电，并实现了设备之间的能源转换；注重雨水收集和中水系统的建设，使水资源得到了重复利用。此外，特别要关注博物馆的绿色陈列问题。在陈列展示多使用可降解、无污染的材料，进行绿色施工、制作。

（三）建设以科学普及为重点的博物馆馆藏特色

尽管各个博物馆陈列主题内容不同、特点各异，但其共同特点是形象艺术地展示自然和社会文化博物遗产。有效地突出馆藏特色是绿色博物馆建设的生命所在。但是，相当一部分博物馆还存在陈列展览简单堆砌，内涵挖掘解读不够；展示内容过于深奥繁杂、形式单一刻板、实效性不强等问题。我们应在主题演绎、场馆营造、展览组织、论坛设计、活动运营、整体运筹等方面，体现传统性与现代性、多样性与个性化的结合，更加彰显绿色特色。

绿色博物馆建设还应当统筹考虑公众的文化水平、兴趣爱好、接受能力、审美观点等，创新博物馆陈列设计新技术，挖掘展品本身的广度和深度，充分展示出陈列所蕴藏的文化内涵、文化外延和文化渊源以及相互联系而形成的文化体系。

（四）博物馆建设要更加走向开放，体现社会互动性

开放互动性是博物馆提高社会服务、文化传承能力的重要路径。尽管博物馆开放取得显著成效，但是与多样化、多层次状态的公众需求相比，陈列展览和社会服务整体水平不高，开放的层次需要进一步拓展。博物馆应该主动作为，通过改进陈列展览、丰富博物馆教育内容、强化全程服务，将可持续的绿色博物馆理念辐射到更多

的公众，及时吸纳公众的绿色科普传播需求，形成绿色博物馆建设的良性反馈机制。要以博物馆资源配置为重点，强化绿色博物馆的功能发挥，做出特色、办成品牌。

与此同时，博物馆要坚持公益性和社会效益的最大化，从被动承担走向主动承担，努力实现多样化的社会角色，使博物馆成为加强绿色教育的有生力量。博物馆的绿色教育要积极倡导全民化的终生教育、终身学习；体现非强迫性的自主性学习，同时强调关怀全球、关怀环境、关怀多元文化等。通过建设绿色特色文化课程、设计活动周和主题活动，保证博物馆全年都有生动的绿色文化元素呈现。建立专家讲解员、在编讲解员、合同制讲解员、大学生讲解员、志愿者讲解员等多支队伍，促进博物馆与社会的融合互动。

（五）推动数字绿色博物馆向智慧绿色博物馆动态发展

当今时代，是大数据信息时代。传统博物馆的展示方式已经难以满足参观者的个性化需求。信息传播方式的革命，使得博物馆文化传播进入一个新阶段。许多博物馆都在其网站上开设了虚拟展厅，借助新媒体技术，开发网络互动平台，观众足不出户即可“游览”博物馆；为提升展览效果、开展个性化和人性化服务，展台式或嵌入式触摸屏多媒体电脑、互动投影仪、电子虚拟互动系统、多媒体互动游戏等多媒体技术在大型博物馆，尤其是科技类展馆中已得到了较为广泛的应用。从互联网时代到移动互联网时代的跨越，更为博物馆的展览、教育方式注入了新动力。

建设绿色博物馆要科学处理好数字化网络化传播、接收与现场参观、实地考察之间的互动互补关系。通过信息实体虚拟化、信息资源数字化、信息传递网络化、信息利用共享化、信息提供智能化、信息展示多样化，打通博物馆文化传播的壁垒，使博物馆文化传播方式更加优化，确保数字博物馆与实体博物馆相得益彰。

在数字博物馆的基础上，近年来又兴起智慧博物馆，即通过充分运用物联网、云计算、大数据、移动通讯等新一代信息技术成果，感知、分析、处理博物馆（群）运行的各项关键信息，实现博物馆征集、保护、研究和展示传播，以及管理能力全面提升的博物馆发展模式，实现博物馆展出和教育的在场、在地形式与在线、流动形式相融合。这些都是绿色博物馆建设的有益手段。

三、绿色博物馆的建设策略

文化部颁布的《博物馆事业中长期发展规划纲要（2011－2020年)》指出，我国博物馆要在专业化品质、社会服务能力、管理水平进一步提升。绿色博物馆的建设如何充分利用藏品资源，加强研究、扩充展陈、完善服务，提高向公众传播历史、艺术和科学知识的能力，已成为需要深入思考和亟待解决的重要课题。我们认为，绿色博物馆建设要重点关注以下几个方面的问题。

（一）增加绿色博物馆建设的深度和广度

2008年全国公共博物馆免费开放以来，绿色博物馆建设发展进入一个活跃期。博物馆的场馆属性和机构属性，决定了博物馆既是有生命力的有机系统，也是承担特定社会责任的社会公益性组织。绿色博物馆要坚持“引进、消化、吸收、再创新”模式，依托自身特色与教育传播活动的优势，创新绿色博物馆建设的主题、内容与形式，培育品牌教育活动。在此过程中，要真正解决闲置时间长、利用率不高、展览内容单一等问题，提高绿色博物馆建设的深度。

绿色博物馆的社会影响取决于其是否有内容丰富、形式独特的陈列展览，而独具特色的陈列展览应该是基于特色文物与科学陈列相结合的产物。要充分运用大数据时代的社交媒体，进一步丰富博物馆的绿色元素，创新开发优质绿色科普资源，灵活提供多样化服务项目。同时要注重博物馆绿色科普传播效果的评估，充分利用微博、微信等新媒体渠道，建设互动反馈机制。拓展绿色博物馆建设的深度和广度，还需从社会认知、内部流程、团队建设、科研开发、资产支持、展馆建设维度，综合施策。

（二）绿色博物馆建设要注重引进来和走出去相结合

2014 年，美国博物馆联盟发布的《构建教育的未来：博物馆与学习生态系统》白皮书指出，博物馆是浸入式、体验式、自我引导式、动手学习的有效场所，将成为开展非正规教育的新模式。这就要求绿色博物馆建设要坚持面向下一代、面向世界传播文化、开展教育，注重引进来和走出去的协同发展，真正形成绿色博物馆的品位、品牌、品质。

坚持强强联手，创建博物馆联盟，是近年来博物馆协同发展的新模式。2012 年 5 月 30 日，全国高校博物馆育人联盟在上海成立，为统筹整合全国高校的博物馆资源，全面发挥高校博物馆的文化特色与育人功能，搭建了协同发展的平台。高校博物馆依托此平台，建立彼此间互利有效的合作伙伴关系，促进知识共享、互通有无。今后博物馆还可以通过展品外借服务、组织巡回展览、开展馆际业务交流，进行社区辅导等方式，不断缩短与公众之间的距离，扩大对公众的影响。

（三）绿色博物馆建设既要见物，更要见人

博物馆能否立足于社会，不仅取决于它的“物”，更取决于

“人”。2002年召开的国际博物馆协会亚太地区第七届大会通过《上海宪章》，特别强调，博物馆具有全面性，是一个为公众全方位参与而营造的空间，也是通过整体性遗产管理实现的物质和非物质、移动和不可移动、自然和文化的空间，应当在文化、社会、经济全球化步伐不断加快的当代世界，发挥文化催化创造力。因此，教育作为博物馆的灵魂，不但是博物馆人的神圣使命，也是博物馆融入社会、赢得社会赞誉的重要手段。

因此，博物馆的建设要从浅入深，从物质到意识，坚持人文意识，由点及面；要增加动态性的互动，做好静态性的展示，为博物馆、社会和公众建立广泛深入的对话、体验、交流、合作的平台。要在观众服务的全过程，体现出以人为本，如咨询服务的专业化与通俗化并举，残障服务贴近性的增强，纪念品供应的品位质量提升，展出与研究统筹提升，专职讲解、志愿讲解、语言和手机导览服务质量的提升等方面，都需要进行持续深入的探索，积极满足让参观者在舒适的环境中观赏的需求。

（田　阳）

第十章　绿色展示

一、绿色展示的内涵与特征

（一）绿色展示的内涵

展示是以信息有效传递和信息有效接受为根本宗旨的传播活动。展示具有设定的表达目标、明确的表达内容、针对的表达对象、特定的表达区域和具体的表达形式。信息是其传递的根本目的，被展示物是其传递的主要内容，经过加工的环境空间场景及设备架构是其传递的媒介和载体。展示的作用和价值一方面来自展示方的信息推介，另一方面来自受众群体的信息认知、接受及共鸣。展示是展示方对外宣传产品或服务的平台，也是展示自身品牌形象、工作业绩和成果的重要窗口。

随着人类展示活动的不断向前演进发展，现代展示以现代艺术、现代高新科技为依托，展示空间的利用不断扩展，展示手段的选择更加丰富，展示形式的体现更加多样。现代展示高速、高效地进行着信息传递和交流，不断推动着经济社会发展，其作用价值已超过展示本身的基本推介功能，呈现出经济价值、社会价值、科技价值、艺术价值、教育价值、文化价值交融的特点。

绿色展示是人们在展示活动发展历程中对其根本价值和意义的理性思考和弘扬，以促进人的全面发展为目标，坚持社会效益、经济效益、生态效应并重，开展有利于人类可持续发展的展示形式。

绿色展示的根本目的是使展示活动成为社会道德良知的弘扬者和培育者，成为生态环保的倡导者和呵护者，成为可持续发展理念的倡导者和维护者。绿色展示的基本底线是展示媒介和活动在其制作、运行过程中减少生态环境破坏，维护生态平衡；减少对人们生活的不利影响，保持社会的和谐稳定。

当前在建设生态文明和精神文明的视阈下，绿色展示就是坚持以人为本的可持续发展理念，通过运用低耗能、低污染、低碳化的媒介方式，传递真实性、健康性、品质性的信息内容，倡导低碳生活、推动绿色发展，创建和谐社会。

（二）绿色展示的特征

1. 传递信息的真实性、可靠性

真实性是信息传递的基本要求，是任何展示活动的生命所在。展示信息的真实、可靠性，是展示作为一种传播目的的根本所在。在展示信息的传递过程中，无论是展示方还是受众方，他们投入展示活动的主要目的，在于展示方欲把展示内容信息传递给未知而欲或少知而欲的受众方，而唯有真实地展示信息才能使双方有效沟通，更容易使有效的信息被受众方接受。如果展示方传递的信息是虚假的或者部分失实的，那就不能满足受众方投入展示活动的需求，并由于展示方公信力的丧失而最终导致传播效果的减弱。

在绿色展示中，要求展示内容必须忠实于事实、忠实于受众，做到真实、可靠、确切，不弄虚作假、不子虚乌有、不断章取义、不虚张声势、不夸大其词，要反映真实景象、体现真实情感、表达真实诉求。具体来说，既要做到实事求是，即展示的每一项事实，都要做到准确无误，有理有据；又要做到总体真实，即不仅展示的某一个事项是真实的，而且要求展示宣传的全部事项与现实中的同类事实，是完全一致的。

2. 传递内容的健康性、品质性

随着信息技术的飞速发展，特别是自媒体技术的广泛使用，使得宣传展示活动的传播受众、传播空间、传播时间、传播范围不断扩大，宣传展示活动的社会属性也变得愈加突出。由于展示活动的感官性、交互性、开放性、透明性和公共性，任何展示活动都会对社会运行产生一定的影响，因此要受到社会道德、法律法规的约束，传递主流价值观，弘扬时代主旋律。

健康性是绿色展示的核心要务。绿色展示的内容要立足于满足人的全面发展的精神追求，立足于人类优秀文化的传承与发展，进行健康的文化传播，传播健康的价值观念、生活理念，大力弘扬社会主旋律，传递社会正能量，培育社会新风尚。绿色展示的内容要注重追求高品质、高品位，为受众打造高质量的内容，杜绝低俗，弘扬真、善、美，贬斥反对假、恶、丑，不断提高并培养受众的品位，追求更高的精神境界。

3. 传递方式的低碳、环保性

展示活动包括创意策划、内容组织、媒介选择、实施运行等诸多环节。要取得良好的展示效果，需要进行系统设计，注重从源头开始，先明晰展示活动的方式、范围和受众，再结合展示主题，选择恰当的内容与表现形式，进行有针对性的诉求表达和传递。

绿色展示要求在展示活动的各环节实施中，要综合考虑展示内容的质量，展示媒介的功能和展示运行的成本，坚持低碳化、低污染、低能耗的原则，选用生态环境危害小、资源利用高、能源消耗低的传播方式。比如在策划、摄像（摄影）、编辑、加工、复印、展出、发行等每一个环节，都要考虑低碳、环保因素。

随着信息技术的不断发展，信息传播的媒介正从传统媒体向新媒体迈进，呈现出报纸、杂志、广播、电话、电视等传统媒体与手机、互联网、微博、微信、移动互联网等移动互联网融合发展的特点。在全媒体时代，绿色展示也不断朝着数字化、信息化、网络化的方向发展。在实现了展示媒介绿色化的同时，也大大提升了信息传播的速度。

二、绿色展示的媒介与形态

（一）橱窗

橱窗是展示方为了让受众对展示内容有直接接触而开辟的专门窗体空间，具有展示效果更实际、直观等特点。从设置的形式上来看，橱窗划分为通透式、半通透式、封闭式等三个类型。每类橱窗根据展示需要的不同，会采用不同的构成元素，通常由模型、道具、背景、灯光等几种元素组成。

橱窗是艺术和宣传的结合体。宣传是橱窗展示的主要目的。一方面，展示方通过对橱窗中模型、道具以及背景的组织和摆放，并运用灯光来达到吸引受众，从而达到宣传推介的目的。另一方面，橱窗又承担起传播展示文化的作用。橱窗可以反映展示方的个性、风格和文化。

橱窗展示作为一种诉诸视觉感官的形式，其特征同看板、招贴等形式一样都是用具体的图像来表达的。但不同之处在于，橱窗展示不是平面化的符号和图案形象，而是立体化的形象，即通过实实在在的物品在三维空间里来进行传达。因此，橱窗展示可谓是一种较为直接、有效的展示形式。归纳起来，橱窗展示具有几下几点突出特征：

1. 实物性。橱窗展示设计是直接通过商品来诉求广告效应的，因此，能更容易地吸引受众的注意力。俗话说："百闻不如一见"，说明眼睛比耳朵听或传闻要可信，亲眼"目睹"而得来的知识、信息比较直接，也更真实。所以，用实物来宣传，用实物来说明商品的特性，比抽象的概念或图形符号更具说服力。

2. 立体性。橱窗展示设计是在三维空间里立体化地传达信息，这与平面型的展示通过图形、文字、符号或音像型展示通过电视媒体的动态演示有明显的不同。在三维空间的限定范围内需要运用立体构成、空间构成的相关手法来提供丰富的信息意义。

3. 橱窗的主题性。橱窗设计不仅要好看，还要耐看，也就是说要有一定的内涵，这样，橱窗设计才能真正具有魅力，而不流于浅显和平淡。所谓主题，就是为橱窗设计想要表达的内容加上一个概括的说法。以绿色展示为主题的橱窗，应以绿色环保、生态文明为主题，凸显绿色展示的特点，这样才能增强绿色展示的传播效果。

4. 橱窗设计的季节性。橱窗的设计要把握一年有四季的变化，很多时候，季节变化对人的心理有很大的影响，可以说，季节是一个感性的主题。在季节这一主题当中，色彩的变奏和材料的律动是最突出的部分。具体地说，展示中的季节变化，大有春夏秋冬，小有早春、春天、初夏、夏天、初秋、秋天、初冬与冬天等更为细致的划分，这样，可以大大加强季节主题的表现力，使之更有层次和丰富多彩。

5. 橱窗展示设计的广告性。在橱窗设计中，恰当地运用广告语言，更能加强主题的表现，由于橱窗广告所处的宣传环境不同，不能像报纸、杂志广告那样有较多篇幅的文字，一般只出现简短的标题式的广告用语。所以在撰写广告文字时，首先要考虑到与整个设计与表现手法保持一致性，同时既要生动、富有新意，唤起人们的兴趣，又要易于朗读，易于记忆。

橱窗展示效果的好坏，关键在于受众在路过它的一瞬间，受众能否被它吸引、停留驻足并仔细审视。因此，橱窗的设计、布局尤为重要，通常要注意以下方面。

第一，展示主题要立意鲜明。展出的橱窗应该拥有一个统一且鲜明的主题。如果展出的同一橱窗出现多个主题，这样就会造成主题不突出，信息冗乱，传播效果就会明显下降。

第二，整体形象要整洁有序。展示的模型与道具之间，应有一定的空间距离，要有一定的陈列层次，不能杂乱无章。展示的背景材料应经过精心排版，保持风格一致。同时，还要定期对橱窗进行保洁，保持橱窗的清洁。

第三，视觉方案要契合受众。橱窗的视觉方案要别具匠心，能产生强有力的视觉冲击，这样才能有力的吸引受众，产生共鸣。色彩、灯光、辅助材料的运行一定要紧紧围绕展示内容的属性和形象特征来进行，色彩、辅助材料的组合应协调并具有吸引力。

总体而言，橱窗展示的设计构思和表现手法，综合了社会学、市场学、心理学以及现代科学技术等各种因素，并随着商品经济的发展而不断地变化着。设计者们必须不断更新知识，讲究功能，针对所陈列的商品特性，精心设计，才有可能在实践中摸索出更多、更新、更具特色的表现手段，使橱窗更好地为绿色文化传播服务。

（二）海报

海报属于平面展示的范畴。海报由于具有设计时间短、发布时效强、张扬个性特点、视觉冲击力强、印刷制作精美、印制成本低廉、发布灵活便利等特点，所以是使用较为广泛的平面展示形式。

海报按其应用不同大致可以分为商业海报、文化海报、电影海报和公益海报等。海报作为绿色展示的一种手段，以传播绿色文化、倡导绿色生活方式等绿色话题为主题，主要是公益性的特点，应当属于公益海报。公益性海报和其他海报相比，除了传播内容有所差异外，其他基本属性相似，都有以下三个基本特征：

1. 尺寸大。海报大多张贴于公共场所，由于会受到周围环境和各种因素的干扰，所以必须以大画面及突出的形象和色彩展现在人们的面前。其画面尺寸有全开、对开、长三开及特大画面（八张全开）等。

2. 远视强。为了使来去匆忙的人们留下视觉印象，除了尺寸大以外，招贴设计还要充分体现定位设计的原理。以突出的商标、标志、标题、图形，或对比强烈的色彩、或大面积的空白，或简练的视觉流程使海报招贴成为视觉焦点。

3. 艺术性高。就招贴的整体性而言，它包括商业招贴和非商业招贴两大类。以绿色文化为主题的海报属于非商业性招贴，其内容广泛、形式多样、艺术表现力丰富，以多种表现形式传播绿色文化。

通常来说，海报的制作分为三个阶段，第一个阶段是创意设计和资料搜集，第二个阶段是软件设计和制作，第三个阶段是印制和发布。

在海报设计和制作中，色彩是影响整体视觉效果最重要的一个要素。一件海报的发布效果，很大程度上取决于其色彩运用的优劣。

恰当的色彩运用能够影响受众的感知、记忆、联想，产生特定的情感，使受众深深地被海报所吸引，从而达到信息传递和共鸣的作用。在海报设计中，色彩的运用通常需要注意以下方面。

第一，注重视觉冲击力。鲜艳、亮丽的色彩具有强烈的视觉冲击力，使海报作品在受众匆匆经过时能够很快吸引住其注意力，并在第一时间进入受众视野时就给其留下深刻的印象，从而有利于快速向受众传递信息诉求。

第二，力求艺术感染力。色彩具有联想性和暗示性，能影响受众的感观和知觉。恰当的色彩运用、精妙的色彩组合可以使主题更为突出，画面更为美观，氛围更为渲染，有助于海报在信息传递中获得受众的思想认同和精神享受，产生感情共鸣。

（三）LED 屏

LED 显示屏结合了微电子、光学、信息处理等诸多高新技术，利用发光二极管构成的点阵模块或像素单元构成的面积来显示文字、影像的屏幕。其主要分为图文显示屏和全彩显示屏两种。图文显示屏通常用于传播文字、图案。全彩显示屏则可以播放视频影像、图片和文字信息等。由于 LED 显示屏显示亮度高、界面色彩鲜艳、立体感强、形象生动直观、可视角度广、安装便利、显示方式灵活、使用寿命长等特点，当前被广泛应用于室内、户外展示媒介中。随着高清、4K 等技术的发展，LED 显示屏的清晰度不断提升，从而可以提供更大尺寸的展示选择，使得 LED 显示屏在视觉导视领域中的应用愈加广泛。

作为一种全新的宣传媒介和信息发布平台，LED 显示屏具有重复播放、反复再现等特点。在快节奏时代，在几秒钟内迅速抓住受众的视线比较困难。观察到文字、影像是一回事，而引起受众的注意和兴趣则是更深层次的问题。视线一瞥、一扫而过是浏览，驻足停留、细细品味才是认真阅读。因此，在快节奏的都市生活、工作环境中，提升LED屏的展示效果通常需要注意以下方面。

第一，突出展示主题。要让受众者对LED屏展示内容本身产生兴趣和注意，这就要求LED屏的展示必须强调创意设计，突出展示主题，运用色彩绚丽、影像清晰的界面一目了然地进行展示宣传，在第一时间迅速抓住受众的视线，引起他们的好奇感和关注度。

第二，丰富展示内容。LED屏宣传展示具有重复性和针对性的特点，它在特定的时间与空间内，对展示信息进行重复播放。这一方面有利于加深受众者的印象，但单一内容的重复播放也会使受众产生视觉疲劳和单调感。因此，在使用LED屏进行宣传展示时要尽量丰富展示内容，进行交替循环播放，并及时对展示内容进行更新。

（四）彩铃

彩铃即多彩回铃音业务，是指被叫用户为呼叫自己固定电话、移动电话的其他主叫用户设定特殊音效的回铃音，包括音乐欣赏、人物对话、单位简介、宣传口号等多种类型。

彩铃由于是呼叫回铃声，呼叫者在拨出电话后会被迫收听彩铃的内容直到电话被接通。因此，呼叫者不能回避彩铃，这就使得使用者可以将彩铃无条件地渗透给他所有的联系人。

现阶段，彩铃业务主要包括集团彩铃和个人彩铃两大类。集团彩铃是面向单位集团客户的个性化彩铃，单位可以将下属所有员工的办公电话、移动电话铃声设置成由单位统一设计、定制的宣传简介、口号等，以取代普通而单调的普通等候音，来宣传单位形象，提高社会知名度。相对于其他宣传媒介来说，彩铃运行简单且覆盖面大。因此对于员工数量较多的单位来说，运用集团彩铃进行宣传展示是一个比较有效的途径。一些环保组织和官方的某些有环保业务的单位可以将自己单位的电话彩铃设计成一些环保口号或者绿色理念，这样外界在拨打这些环保组织的电话时也传播了绿色文化。

（五）展示墙

展示墙是展示方在其固定的办公场所，选举比较醒目的墙体进行专业设计和装饰，以达到整体宣传展示的目的。展示墙通常由展示方邀请专业的广告或装饰公司进行设计和装饰。装饰内容包括单位名称、LOGO 和简介，重大事件，宗旨和使命，未来发展规划和远景等方面内容。

展示墙是一个单位整体形象的集中展示，是单位与来访者进行交流体验的窗口，在单位的对外交流中具有十分重要的位置。展示墙的制作可采取背景海报、喷绘板、金属铸件、玻璃墙、木质板材等多种材料，运用合理的色彩、灯光进行装饰。展示墙的制作既要考虑到预期的展示效果，整体的成本花费，使用寿命，还要考虑到材料的低碳环保，以及后期的维护便利性。

三、绿色展示的运行与管理

（一）系统设计

在传统媒体和新媒体百舸争流、竞放发展的多媒体时代，每一种媒体都有其自身的特点和优势，没有一种媒体能够有效影响到所有的受众，也没有一种媒体能够对不同年龄、不同区域、不同阶层、不同文化水平的受众有同样的影响力。而一个单位的宣传展示工作既有广泛周知性的需要，又有针对特定目标人群的深度介绍性的需要。无论是哪一种需要，都应当考虑到不同受众群体的媒介选择需求。

因此，一个单位的宣传展示工作需要通盘考虑，进行系统设计，既要根据工作的需要将宣传展示信息投放于多种媒介上，形成有效覆盖，同时还要根据目标受众的接受习惯选择恰当的媒体进行针对性的信息传递，以提高信息传递的精准度和有效性，从而实现橱窗、海报、广播、LED 屏和网络媒体的有效整合，使宣传展示工作的效果达到最大化。

（二）专业运行

对一个单位来说，宣传展示工作对内发挥着传播大政方针、引导员工思想、凝聚人心士气、促进和谐稳定的作用；对外发挥着介绍发展历程、展示工作成果、树立组织形象、改善公共关系的重要作用。因此，宣传展示工作是一个单位工作的重要组成部分，是单位持续健康发展的有力支撑和重要保障。

要提升宣传展示工作的成效，专业化运行是核心。一方面，各单位要重视宣传队伍和机构建设，有条件的单位要建立专门负责宣传展示工作的机构，配备专人开展工作，没有条件的单位要组建负责宣传展示工作的兼职队伍并加强培训；另一方面，各单位要积极开展与社会媒体、广告公司的合作，聘请专业人员进行海报、橱窗、视屏的设计与制作，提升宣传展示的创意水平和视觉效果。

（三）权威发布

一个单位对内、对外的宣传展示信息代表的是它的整体形象。

精致的宣传展示内容，精美的宣传展示画面，恰当的宣传展示平台可以有效提升一个单位的社会形象和口碑。而充满纰漏和瑕疵的宣传展示内容和形式则会对一个单位的社会形象和声誉带来连锁的负面影响。此外，对一个单位来说，突发性事件可能随时发生。突发性事件一旦产生，往往伴随着大量不确定信息在单位内和社会上进行传播。这些不确定信息在传播过程中可能又会不断增加新的信息成分，给舆论引导和突发事件的解决工作增加难度。这时，单位发布信息的真实度和准确度，对突发事件的应对起着尤为重要的作用。

因此，各单位必须把宣传展示和信息通报工作纳入战略发展的高度进行重视，确保宣传展示的内容质量和品质，确保通报信息的真实和准确。这其中最为重要的是要健全宣传展示工作的运行流程，建立一套完备的信息发布规范标准和运行机制，使得发布的信息内容既经过了严格的部门审定，又体现了最高管理层的意志和决定，从而确保发布信息的严肃性、规范性和权威性。

（四）操作便捷

任一宣传展示活动都有一定的时效性，在特定的时间阶段和空间投放运行。但是，宣传展示工作对每一个单位来说都是一项需要长期开展的工作。如果一个单位的员工或受众在较长的时间接触到的是同一展示信息，久而久之，就可能会产生视觉疲劳和审美疲劳，宣传展示的边际效用就会不断下降。因此，宣传展示的信息需要及时进行更新。

为了提高宣传展示工作的成效，各单位在选择宣传展示的媒介时，除了要考虑当下开展的宣传展示活动的媒介投放成本和实际效果，还要考虑到长期运行的费用花销和使用寿命，特别是宣传展示内容更换的操作便捷性和设备维护的便利性。此外，随着单位工作人员的部门调整和流动，负责宣传展示工作的专兼职人员也会经常发生变化，新进人员能否迅速掌握相关技能，尽快开展工作也是需要考虑的一个方面。

（肖 进）

第十一章　绿色标识

绿色标识是绿色产品供给的基础性工作。经过不断的发展，绿色标识已经成为倡导生态环保意识和传播绿色文化的综合导识系统。绿色标识不仅可为公众提供多种信息服务，而且是生态文明知识与信息传播的重要载体。

一、绿色标识的类型

对于“标识”的含义，《辞海》的解释是：“标识，即‘标志’”，起指示和说明的作用。在此基础上，所谓绿色标识，是指通过标牌、标语、文字说明、图形、构造物等方式，帮助人们方便获得位置、方向、安全、历史、文化等信息的同时，倡导生态环保意识和传播绿色文化的综合系统。其按照形态可以分为地牌式绿色标识、横越式绿色标识、擎天柱式绿色标识、屋顶绿色标识、电子信息绿色标识、阅读版绿色标识以及旗帜绿色标识等。

（一）地牌式绿色标识

地牌式绿色标识，又称为碑式绿色标识，是一种独立立于地面上的标识，通常被应用于广阔而不封闭的场所。和其他标识展示方式相比，地牌式绿色标识更具有独立性和显著性，更能吸引民众的注意，在传播绿色文化、传递绿色理念、弘扬绿色精神、倡导绿色生活方式等方面发挥着积极的作用。

（二）贴壁式绿色标识

贴壁式绿色标识通常被固定在平行于建筑物墙体的外部或内部，所放位置与墙体的距离一般小于18英寸。通常情况下，贴壁式标识只有一面可用来展示。它的形状既可做成板式，附带上文字（通常是用塑料做成），也可做成独立的立体字，直接镶嵌在墙体上。而过往人群在阅读侧面的贴壁式标识要比阅读直接迎面标识更困难。因此，贴壁式标识的内容一定要清楚、醒目，不应包含更多其他干扰信息。另外，贴壁式标识很容易适合整体的建筑构造，常作为建筑的附属装饰。贴壁式绿色标识利用其自身传递信息的特点，使用更低的成本、更高效地传播生态文明、环保理念，同时美化了建筑物，达到一举多得的效果。

（三）横越式绿色标识

横越式绿色标识通常被固定在建筑物或建筑物的表面，通常与建筑物垂直，而且标识的内容大多是双面的。因为这些特点，它能在街道的任何一方被清楚地看到。在指示方向、明确位置方面具有良好的效果。此外，一些绿色理念、环保知识以这种横越式标识为载体，在不经意间向公众传递了绿色理念、环保知识，加深了公众对于绿色文化的了解，使得绿色理念更加深入人心，较好的普及了环保知识。

（四）屋顶式绿色标识

屋顶式绿色标识是指被树立在建筑物的屋顶上，全部或部分地固定在建筑物上的兼具传播绿色文化的标识。屋顶式绿色标识也是一种独立标识，但它主要针对距离较远的受众或驾驶人群。据相关研究显示，由于屋顶绿色标识大多装有高亮光源，所以能见度较强，尤其是在夜间，进而能够吸引行人的注意力，从而增强了绿色文化的传播效果。

（五）电子信息绿色标识

电子信息绿色标识通常是以电子或电器控制设备为载体，来传递绿色理念、生态文明等绿色文化相关内容。与地牌式绿色标识、贴壁式绿色标识相比，电子信息绿色标识的信息可以有效快速的更换，可以持续更新所传递的绿色文化的相关内容，保持内容的新鲜性。既能增加绿色文化传播的信息承载量，也能够做到内容常换常新，吸引受传者的兴趣，增强绿色文化的传播效果。

（六）阅读板绿色标识

阅读板绿色标识一般由单独的文字和画报裱贴在面板上组成，信息通常以手工更换。这种标识的信息更换速率较低，比较适合传播一些对信息更新速度要求较低的绿色理念等，或是应用于绿色文化节这种重大节日的一次性宣传。为有效使用阅读板绿色标识，信息需要经常更换。

（七）旗帜绿色标识

旗帜绿色标识一般由轻型材料如布、纸和柔性塑料做成，通常固定于坚固的框架上。旗帜绿色标识通常用于临时场合，如绿色文化节的开幕仪式或其他特殊的宣传。旗帜绿色标识往往给人以醒目、激动的印象，能够给受众留下深刻的印象，使得绿色文化的传播效果倍增。

二、绿色标识的特点

绿色标识作为标识的一种，除了具有位置导向、确定方位等标识的基本特征，还兼具传播绿色文化、传递绿色理念、弘扬绿色精神、倡导绿色生活方式等功能。绿色标识的基本特征如下：

（一）功用性

绿色标识的本质在于它的功用性。虽然具有一定的观赏价值，但绿色标识主要不是为了供人观赏，而是为了实用。绿色标识具有不可替代的独特功能。它除了帮助人们方便地获得位置、方向、安全、历史、文化等信息，同时在倡导生态环保意识和传播绿色文化方面兼具特殊的使命。

（二）识别性

标识最突出的特点是易于识别，显示事物自身的特征，标示事物间不同的意义、区别与归属是标识的主要功能。绿色标识与普通标识相比，不但具有位置提示、方向导向等作用，在传播绿色理念、倡导绿色生活方式等方面具有显著优势，其识别性更强，在建设绿色文化方面具有重要的作用。

（三）显著性

显著性是标识又一重要特点，除隐形标识外，绝大多数标识的设置就是要引起人们的注意，因此大多色彩强烈醒目、图形简练清晰。绿色标识大多以绿色为主色调，再以白色、黄色等颜色做以搭配，色彩较为醒目，也符合绿色、环保的理念。在内容设计方面，绿色标识也应力求简洁、清晰，使得公众一目了然，这样才能增强其实用性以及绿色文化的传播效果。

(四) 多样性

标识种类繁多、用途广泛，无论从其应用形式、构成形式、表现手段来看，都有着极其丰富的多样性。其应用形式，不仅有平面的、立体的，具象、意象、抽象图形构成的，还有以色彩构成的。多数标识是由几种基本形式组合构成的。绿色标识的种类也繁复多样，不仅在使用材料、安放位置、表现形式等方面具有差异性，在传播内容方面也有一定的多样性。绿色标识的多样化设计能够吸引更多的人关注，达到较好的传播绿色文化的效果。

(五) 艺术性

经过设计的标识都应具有某种程度的艺术性。既符合实用要求，又符合美学原则。一般来说，艺术性强的标识更能吸引和感染人，给人以强烈和深刻的印象。绿色标识的设计也应该遵从艺术性的原则。无论是绿色标识的载体还是内容设计上都应该遵从艺术性原则，这样更能够吸引公众的注意力并增强艺术感染力，使绿色文化的传播效果更加显著。

(六) 准确性

标识无论要说明什么、指示什么，无论是寓意还是象征，其含义必须准确。尤其是公共标识，首先要易懂，符合人们的认识心理和认识能力。其次要准确，避免意料之外的多解或误解，尤应注意禁忌。让人在极短时间内一目了然、准确领会无误，这正是标识优于语言、快于语言的长处。绿色标识的设计与应用也要把握这一点，要尽量做到通俗易懂、表达准确清晰，尽量避免让人产生误解、歧义，力求达到预定的效果。

（七）持久性

标识与广告或其他宣传品不同，一般都具有长期的使用价值，不轻易改动。绿色标识也应具有持久性的特点。一个绿色标识不但位置要相对固定，内容也要有一定的持续性，这样才能在保证标识基本功能的前提下，增加传播绿色文化的功用。

三、绿色标识的误区

随着我国经济社会的快速发展，区域环境都发生了较大的变化，但由于各区域对标识系统在区域环境中的重要程度认识不足等原因，导致绿色标识设置存在诸多问题，主要表现在如下几个方面：

（一）缺乏整体规划

随着我国经济社会的快速发展，大部分地区都非常重视基本公共设施的建设工作，各地政府投入了很大的财力、物力、人力来改造基础设施和景观营造，很多区域的面貌都发生了翻天覆地的变化。但令人遗憾的是我们进入某些区域或建筑物时，往往会感到手足无措、无所适从。这样的区域或建筑物，往往都存在一个共同特点，就是缺少一个好的标识系统的引导，对标识设置的数量、位置的设置、内容的设置、样式的选择以及相互之间的关系等方面缺少较为系统的规划，致使标识形成不成完整的体系，在作用的发挥方面就显得支离破碎。

例如，有些区域标识数量明显设置不足，在各种主次入口处缺少区域地图等标识；一些近些年新营建的公共区域面积较大，使得进入该区域的访客无法认知校园与外部环境的空间；有些区域标识重复设置，让人产生视觉疲劳；有些区域各种类型的标识风格各异，相互之间存在极大的反差，显得极为混乱，让人感觉到该区域管理的混乱；有些标识的设置没有根据空间尺度和人的需求来进行，一些标识设在很高的位置，字体又设置得小，使得标识的需求者无法获得有效信息；有些区域的标识在标识设置时不考虑引导标识相互之间的关系，没有形成一个连贯有序的导向系统，使得标识的使用者对路线缺乏连贯的确认，不利于访客发现和识别。

（二）缺乏区域特色

由于很多区域在标识系统的设计和规划时缺少对自身的文化特色的归纳和总结，所以在标识设置时往往只关注其功能性而忽略标识系统本身应承载的文化内涵，致使标识系统缺乏自身特色，缺少文化和人文精神。从当前各地标识的表现形式来看，往往都是简单模仿，创新性强、能够凸显区域特色且令人赏心悦目的并不多，且利用现代高科技材料和手段的也不多，如利用二维码、手机 App 等信息技术设计的绿色标识导向应用不多。

（三）缺乏艺术美感

在一些区域中，由于建设者的认识不到位，只是认为标识导向系统的建设就是简单的树立几块牌子，只停留在了功能性需求的层面，而没有从区域形象展示和环境育人需求层面来考虑；此外，在标识造型、色彩、文字、材质等方面要素的选择上缺少对周边建筑、景观、功能等环境的研究，简单地追求形式的统一，会导致标识与环境格格不入，整体缺乏艺术美感，不能吸引和感染人，从而不能给人留下深刻和美好的印象。

（四）缺乏规范设置

标识系统的基本作用是在于向人们传达“方向、位置、安全、说明”等信息，但在实际设计过程中，有些区域过于注重标识的观赏价值，而忽略了实用价值，从而导致标识的设置不规范，信息表达也不准确，让人难以捉摸其要表达的意思。另外，随着对外开放的脚步越来越快，国际化程度不断提高，标识的设置不仅要满足国内访客的需求，还要方便来华的外国友人。而有些绿色标识文字缺少与之对应的英文，或者在双语运用上零零散散，没有统一的标准，双语对译出现错误的情况等。因此，标识的设置要易于识别且要国际通行。

（五）缺乏维护管理

在调查中可以发现，许多绿色标识由于没有及时进行维护和修理，出现了不同程度的损坏、褪色或文字、图画不全等问题，这不仅影响了人们对其信息的获取，更破坏了校该区域的整体观感，使其形象大打折扣。

四、绿色标识的设计

绿色标识系统功能复杂，涉及面广，针对绿色标识系统的设计和建设，应注意解决好如下几个问题。

（一）加强标识系统建设的整体规划

由于标识分布在区域的各个角落，所以标识除需要发挥标识和引导功能以外，还肩负着形象展示和环境育人的功能。而标识种类繁多、用途广泛。如何把不同类型，数量众多标识在区域建设的不同时期合理的安排在整体环境中，既要能够方便使用，同时还要美观大方，这就需要根据区域的实际情况对标识的设置进行相应的规划，标识的内容要兼具功能性和前瞻性，为以后标识建设提供基本依据，保证区域长期建设发展过程中标识系统的相对统一性和完整性。

（二）做好标识系统建设的设计导则

绿色标识建设是一个长期的过程，为了确保标识系统的连续性，引入绿色标识设计导则的思维方式对于长期建好绿色标识系统具有非常重要的作用。

从引导内容及控制元素的角度看，设计导则可从五类标识着手，确保对标识形态的控制与引导。导则应包含对标识的尺寸、形式、布局、内容、颜色、用语、区域特色图标、材料等具体设计要求。根据标识类别的不同，导则设计的要求也不同，如定位性标识、引导性标识以出入口旁的标牌等应根据导则要求，统一尺寸、形式、内容、颜色、布局和材质，具有鲜明的学区域特色，彰显区域文化内涵、形成个性化的区域形象；限制性标识，应力争完全按照国家标准设置，如禁止鸣笛、限速、禁止通行、禁止停车、禁止喧哗等，使人容易理解，方便执行。而对于说明性标识，导则要对说明的基本内容要求，如名称、内容、历史、文化、特性、采用的语言等方面做出规定，但标识的形式和尺寸则应根据标识对象的具体情况灵活考虑，具有一定的弹性，在设计时要充分考虑其形态对历史文化的表达，可以选用特殊符号来提取自身的特色，并注重与周围环境共同营造一种该区域特有的氛围。

（三）标识系统要与区域情况紧密结合

在标识的规划过程中，首先要对区域规划、文化内涵以及与绿色环保的结合点进行深入地分析，明确标识系统空间的线路，然后结合区域的主要景点、集散区域、主要楼宇来设置定位性标识、导向性标识、说明性标识、限制性标识和景观性标识。

例如，在主要出入口或者重要人流集散区设置区域的总平面图、具体区域平面图等，在建筑物内设置总索引、楼层索引、房间标牌等，这些定位性标识表明各空间的功能以及相互关系，传达了环境和楼宇空间的总体印象，方便人们达到和使用相应空间，为标识使用者定位以及制定运动路线提供了必要的前提条件；在道路、重要设施设定诸如禁止喧哗等限制性标识，表达禁止、警示、指示等意图，督促规范人们在区域中的行为，使人们注意遵守秩序和保障安全；在一些交叉路口设置引导性标识，帮助受众方便寻找行进的方向和目标；在景观和建筑前面设置说明性标识，通过文字和图形等形式来介绍标识对象的名称、内容、历史、文化、特性等方面内容；在一些特殊的区域可通过设立一些雕塑、构筑物等景观标识，起到塑造文化，组织划分空间环境，通过对其位置的设定达到界定环境空间的目的。

（四）注重多媒体系统和电子引导系统的使用

在交通节点和广场设立多媒体电子屏进行实时信息的传播，方便受众了解动态。在一些树木和构造物上设立二维码，方便大家获取相应信息。

另外，随着移动终端的广泛应用，可以通过手机定位、电子地图等，建立二维和三维区域引导应用系统。

由于导向标识可以帮助公众预测行动路线，并在运动中对路线进行连贯的确认。因此，导向标识的规划要尽量连续，并且设置数量要根据空间和人的需求来进行，尽可能避免重复设置所带来的视觉污染和视觉疲劳。

五、绿色标识的建设

（一）注意功能的实用性

标识的本质在于它的功用性。虽然其具有观赏价值，但标识主要不是为了供人观赏，而是为了实用。标识无论采取什么形式，首先必须准确易懂，符合人们的认识心理和认识能力，避免意料之外的多解或误解，尤应注意禁忌。让人能在极短时间内一目了然、准确领会无误，一些图标标识即使没有文字说明也可以充分地表达内容，能超越语言上的障碍，并能让外国人和儿童理解标识的含义，可以很轻松地通过这些标识来识别校园的空间环境，快速地找到自己需要到达的位置。其次是要便于维护，保证标识导向系统信息系统的完整性和信息有效传递，这使标识信息的或获取者得到便利的同时，也赢得了受众对该区域良好的印象。

（二）注意形式的艺术性

绿色标识应既具有标识的功能，又具有景观的效应。好的标识系统在一定程度上能消除人对校区域环境的陌生感，缩短人与校区域环境之间的距离，增加区域环境的亲和性。在标识设计时其形式、尺度大小、色彩选择、文字编撰等都要符合人的审美要求，应体现朴实、典雅的区域形象和宁静、优美的区域氛围。在具体操作中，应跳出单纯标识的框架，应将其作为积极的环境要素来展现。譬如，在设计一些说明标识时可采用以文字结合自然载体的形式来表现，这些自然载体有自然山石、碑石等，能突出区域整体的形象，增强区域人文关怀气息。

（三）注意内容的文化性

从文化层面来讲，标识导向系统是区域的文化符号之一。它的设计必须注重区域特色与历史文脉的表达，这样不仅可以彰显一个地区的品位，同时也能展现区域形象。因此，要不断挖掘和总结学校的办学精神和传统，使人们能够建立起区域环境中传统文化的价值和对地区文脉的追溯渠道。此外，还要对区域内的一些具有纪念意义和标志性作用的地标构筑物和建筑物进行说明，把它的历史、特征以及使用过的人联系起来，说明不仅仅局限于描述其功能，还更多地注重挖掘其蕴含的历史、文化、审美意义。

绿色标识是一项传播绿色文化的重要的基础性设施。它承载着与绿色文化相关的一些特定的理念、精神、文化、品位和现代化管理水平，是绿色文化建设的一个重要组成部分。一个好的标识系统，除了能起到标识和导向作用，还能以非常自然地方式将文化和精神气质悄然展现出来，对外能获取公众认可，对内产生持续不断影响，强化公众对标识内容的认同，起到情感维系和环境育人的作用。因此，需要管理者们站在一个崭新的视角，认真的思考如何建设一个具有文化意蕴并且系统化、标准化、艺术化、信息化、国际化的标识系统。

（李亚军　王丽君）

第十二章　绿色品牌

一、绿色品牌的概念

关于绿色品牌概念的研究，应该从绿色和品牌两个方面入手。

品牌一词来源于大卫·奥格威（David Ogilvy，1955）在美国广告协会的演说，他认为“品牌是一种错综复杂的象征。他是品牌的属性、名称、包装、价格、历史、声誉、广告的方式的无形总和。”他的演说用《形象和品牌》作为题目。品牌最初作为经济和管理的概念由美国营销学会定义委员会在1960年提出，是一种名称、术语、标记、符号或设计，或是他们的组合运用，其目的是借以辨认某个消费者，或某群消费者的产品及服务，并使之与竞争对手的产品和服务区别开来。如今，品牌并不局限于有实物的产品或服务中，也可以用于对组织竞争力的差异化评价。比如，高校品牌、科研品牌等等。

绿色本意为一种颜色，由于能够给人带来健康、清新、积极向上的暗示，这里引申为可持续发展的思维方式和接近自然的理念。在国外关于绿色品牌的研究中，Hartmann认为，绿色品牌具有一些特定的品牌属性和利益，使之能够降低品牌对环境的影响以及能被感知为对环境友好的品牌；一个好的绿色品牌，应该能够为绿色消费者提供相关的利益；绿色品牌能够通过提供对环境友好的产品的属性的相关信息，引起一些目标群体的积极情感。[1] Grant 则认为“绿色品牌与非绿色品牌相比具有显著的生态优势，因而对那些注重绿色环保的消费者具有吸引力的品牌”。[2] 可见，绿色品牌更侧重于产品的环境友好和生态友好的基本属性。本文使用的“绿色品牌”的含义，超于企业产品的范畴，包括了非实物产品的品牌，从而指的是品牌本身的自然生态环保和可持续发展的绿色属性。

二、绿色品牌的内涵

绿色品牌的作用过程是从产品生产者或者服务提供者开始，到消费者或认知者接受之后完成的，这一过程中往往包含四个部分的内容，绿色品牌的载体、绿色品牌的传播、绿色品牌特征和绿色品牌的外部环境。这四者的关系如下图。

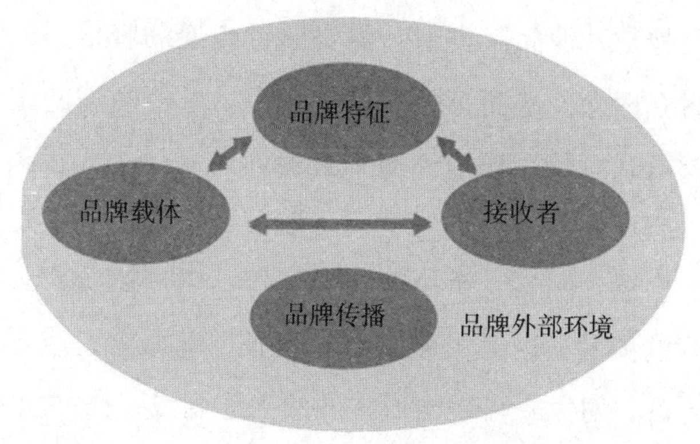

（一）绿色品牌的载体分析

绿色品牌不同于传统意义的企业品牌，它的载体不局限于实物产品，也包含非实物产品。从实物产品的层面来讲，产品实质、产品外观和产品外延是主要的三个部分。产品实质包括产品的属性、技术工艺、材料、性能等等；产品外观主要包括产品的外包装、形态、商标等等；产品的外延主要指产品的附加特征，比如引申含义，象征意义、纪念意义等等。绿色品牌的产品应至少包含以下几个特征之一：具有生态环保属性、生产过程中遵循绿色、可持续发展理念，通过产品倡导、推广绿色消费和生活导向。另一方面，从非实物产品的层面来讲，自然景观区、文化旅游区、提供服务的组织、高校和科研院所等，也是绿色品牌的重要载体，这类载体更注重品牌影响力的塑造，例如高等学校的品牌竞争力包括学科水平、人才质量、教学科研能力以及校园文化建设。旅游地的品牌竞争力则包括了景观的自然属性和人文积淀，游客承载力，服务质量等等，对于不同行业的绿色品牌应该有针对性地进行探讨。

（二）绿色品牌的传播分析

绿色品牌与其他品牌类似，需要通过传递品牌信息，让受众接纳品牌，树立理念，从而扩大品牌影响力。绿色品牌的主要传播模式有广告发散式宣传、用户体验式宣传、大众口头式传播等。绿色品牌因其生态环保的核心内容，多采取公益广告的宣传形式，媒介包括电视、广播、网站、手机客户端等等；用户体验式宣传则多用于绿色品牌的产品，因其大多富含高科技、新概念，或者是风光秀丽的自然景区，对大众可以构成强烈的兴趣刺激，在大众体验过后，良好的口碑为口头传播奠定基础，逐步增强绿色品牌的真实感和融入感，将消费者逐渐成为品牌的忠实客户。

（三）绿色品牌的特征分析

特征体现了品牌的差异性，绿色品牌中的内涵属性是形成其精神和文化的重要内核，也是对大众产生影响力的先决条件。绿色品牌的精神文化要给接受者健康、积极、清新、充满正能量的影响，通过品牌寓意、象征、情感、品位等媒介的综合作用，无形的应用到产品或者服务的整个过程中，在生产、销售、售后、外延环节等方面形成精神和文化的巨大感召力。与其他品牌不同的是，文化内涵对于绿色品牌拥有更大的权重，可以说绿色品牌的特征决定了品牌的风格，更加影响了接受者对于品牌的认知和接纳。

（四）绿色品牌的外部环境分析

品牌的外部环境主要是品牌传播过程之外的政策、组织、环境要素的统称，包括与绿色品牌相关的企业、政府、部门、机构和组织团体，这些组织与绿色品牌有直接的联系，他们是绿色品牌的直接认同者和接纳者，对树立品牌的地位、扩散品牌理念起到至关重要的作用。比如，政府部门是政策的制定者，营造良好的宏观环境，建立完善的品牌标示、商标注册等知识产权保护，可以为品牌的发展提供有序的竞争环境。再比如，媒体的评价和监督，可以让受众能更好地认同品牌的内涵，这些从长远来看，都有利于品牌的宣传和管理。

三、绿色品牌的意义

近两百年来，世界历史的发展证明了品牌是一个组织最有意义的内在价值，从“可口可乐”到麦当劳，品牌的力量是不可忽视的。而在绿色领域，当今几乎每一家大公司都很清楚绿色发展的重要性，越来越多的公司将清洁能源和绿色发展注入企业的品牌价值中去，逐渐获得了积极的社会影响。国际品牌顾问公司 Interbrand 全球 CEO

弗兰普顿说："越来越多的公司将社会目标和企业公民作为自己核心产品的一部分。为什么？因为它能帮助推动公司的销售。"所以对于一个组织或者企业来说，建设绿色品牌不仅有着社会责任方面的考量，也可以真真实实地推动组织又好又快发展。

（一）有利于组织的可持续发展

组织的可持续发展战略是以社会经济的可持续发展为基础的。而社会经济的可持续发展必须同自然环境及社会环境相联系，使经济建设与资源、环境相协调，使人口增长与社会生产力发展相适应，以保证社会实现良性循环发展的长远战略。因此，保护自然环境，治理环境污染，解决恶劣的社会环境，实施可持续发展战略已势在必行。

（二）绿色消费浪潮的必然选择

消费者趋向于绿色消费主要源于两方面的原因：一是，社会经济发展在为社会及广大消费者谋福利的同时，造成恶劣的自然环境及社会环境，已直接威胁着人们的身体健康，因此，人们迫切要求治理环境污染，要求企业停止生产有害环境及人们身体健康的产品；二是，社会经济的发展，使广大居民个人收入迅速提高，他们迫切要求高质量的生活环境及高质量的消费，亦即要求绿色消费。

（三）参与国际竞争的基础

20世纪90年代，世界范围内兴起了一场"绿色革命"，环境与发展问题已成为新一轮多边贸易谈判的中心，即"绿色回合"。由于WTO实质上允许各成员国采取相应措施加强环境保护，因此，绿色壁垒将必然存在，而且会成为最重要的"变相贸易壁垒"。为了遵循这些绿色贸易规则，冲破绿色壁垒，免遭贸易制裁，组织必须实施绿色品牌战略，才能求得快速健康的发展。

（四）社会环境的整体要求

任何组织或企业的发展都面临着一系列的挑战。首先是宏观环境的压力，诸如保护消费者利益运动和保护生态平衡运动的压力，以及政府规范化立法的压力，从而驱使组织必须树立环保观念，实施绿色品牌战略，顺应时代要求；其次是广大消费者对绿色消费的需求剧增，组织必须顺应消费者的绿色消费需求，开展绿色经营，才能赢得发展的机遇；最后是市场竞争优胜劣汰规律的作用，迫使组织改变经营观念，塑造绿色品牌，才能有力地对付竞争对手，不断地提高市场占有率。

四、绿色品牌的构建

传统品牌的构建过程，可以理解为实物产品发展的历史。产品从生产到销售不仅是实物产品的传递，更是品牌的传播过程。因此，在传统的品牌构建构成中，产品或者服务是最基础的元素，首先生产产品，再完成市场的开拓和忠实客户的凝聚，然后通过整合内部元素，凝聚独特的品牌竞争力。其形成过程如下图所示：

产品 → 销售 → 市场 → 传播 → 形成品牌

然而随着经济的发展，物质产品的极大丰富，传统品牌的以产品为主的构建模式转为现代的以品牌特征为主的建构模式，对于产品内涵更加丰富，理念宣传作用更为明显的绿色品牌，这样的作用更为明显。需要首先确定以品牌特征为核心内容，通过完整的理念体系形成独特的品牌精神内核。

绿色品牌的内核可以从森林、环境、生态等多个方面入手。如大兴安岭等以森林为主的区域，森林旅游、科普等应是核心的内容；对于生产环保产品的企业来讲，企业的生态环保公益作用、产品的科技和环保附加值，是品牌的主要关注点；对于环境功能恢复区域，环境保护则是品牌建设的重要立足点；对于科技内涵丰富、具备育人责任的高等学校，面向大众宣传科技知识、普及环保理念，树立公众热心环保的态度是品牌建设的出发点。

在确定核心品牌内容后，采取科技含量较高的新产品、新技术和高质量的服务，不断积累和提升品牌资产，广告、公关、营销推广作为有效的连接纽带，让接受者在心中打下深刻的烙印，最终形成完备的良性互动的关系。如下图所示：

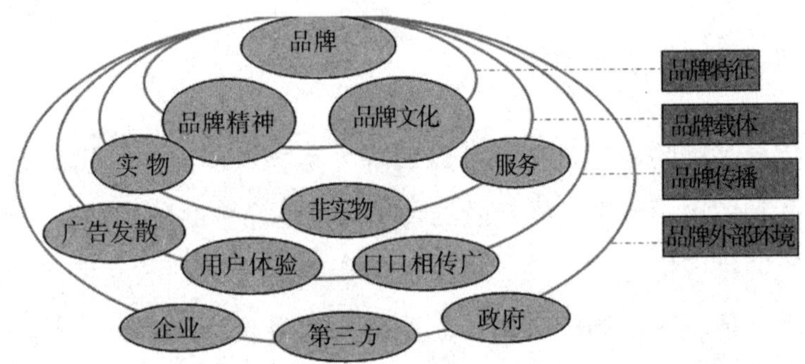

特别的，对于诸如高等学校一类的社会组织来讲，品牌建设具有其特殊性。高校承担人才培养、科学研究、社会服务和文化传承创新等责任，高校的品牌基础是丰厚的教育资源，这种特殊性使其品牌形象与社会功能相辅相成、互为推动。学校通过提升核心竞争力来塑造品牌，品牌效益能够给学校带来更好的生源、更多的社会投入，吸引更高质量的人才等等。由于高等学校处于社会知识结构的顶端，是先进思想的引领者，生态、环保、健康的品牌形象是高校品牌建立的基础，几乎每个高校的品牌都具有生态环保的概念，而林业行业院校对于绿色品牌的建设更加负有责任，高校的绿色品牌建设应从以下几个方面展开。

一是树立开放的品牌意识。在我国高等教育逐步向国际化发展的时代背景下，树立品牌意识是高校适应社会化竞争的必然选择，卓越的品牌意识是凝聚师生价值取向和精神追求的核心内容，有助于学校形成凝聚力和向心力。从高校管理者的层面来讲，要将品牌意识融入高等学校的办学目标中，站在经济和科教全球化的角度，以国际视野审视学校的发展，用可持续发展的眼光认清制约学校品牌构建的问题，如高水平学科、顶尖人才、科研技术和成果应用，科学化管理模式等等。对于广大师生来讲，要将自己的言行与学校的发展紧密结合，以主人翁的意识参与学校的改革和发展。

二是制定准确的品牌定位。品牌定位是高校办学过程中体现出的与众不同的资源优势和社会地位，通过品牌定位，社会能迅速识别高校的优势。学校可以从纵向、横向和特色三个方面来明确品牌定位。从纵向的维度来看，学校应从办学传统和办学历史出发，探究办学的走势，确定学校未来的前景，如由单一学科的院校经过扩招或者合并而成的综合类院校，是走多科性综合大学，还是集中力量把优势专业做强，需要做出合理的选择。从横向的维度来看，学校的办学水平与同类型高校相比较处于何等位置，在哪些方面需要改进和加强。从特色的维度来讲，学校应厘清自身的传统优势，除了清华、北大两所面向国际建设的重点大学之外，第二层次的"985""211"建设高校，第三层次的地方和民办高校，都不具备大而全的办学能力，如何找到自身可以突破的发展点，用有限的成本产生较大的办学效益，需要高校在品牌定位中找准特色。

三是实施有效的构建措施。高校的品牌建设是个综合的系统工程，需要教育教学、科学研究、基础建设、形象设计、宣传思政等多个部门密切配合。一般来讲，主要涉及几个方面：特色鲜明的学科建设体系，以国家级重点学科为龙头，相关交叉学科和新兴学科为辅助；国际知名、国内领先的科技项目，能够产生巨大效益的应用成果；在国内外大型竞赛中屡获大奖的在校生和受到用人单位好评的高质量的毕业生；独特的品牌识别形象，具备视觉识别系统、形象识别系统和行为识别系统；优雅有品位的校园环境，具备能够满足学生生活学习的硬件设施，譬如实验楼、图书馆、体育场等等：完整有特色的校园文化内涵，包括校训、校风、教风和学风等。

四是营造优良的品牌文化。品牌文化非一朝一夕之功，是长期沉淀、坚持而成的凝固在师生灵魂和血液中的自我意识。高校的领导者是品牌文化塑造的重要引领者，一个面向未来、锐意进取、开拓奋进的领导集体，能够带动学校形成充满正能量的校园风气。广大师生是办学的主体，教风和学风建设同样具有重要的作用，学校要建立多元开放、严肃包容的学术评价体系，构筑“严谨笃学、修德养性”的教育教学氛围。引导学生养成“爱国、爱校、爱学术”的学习风气。在注重软实力对于校园风气建设的作用的同时，充分考虑校园建筑和景观的设计，将大学的精神融入建筑设计中，凝聚历史底蕴和文化传承，能够起到润物细无声的作用。

五、绿色品牌的战略

绿色品牌的建设是一个组织长期的发展战略，需要注意以下五个方面的问题：

一是以开放的态度建设绿色品牌，不能独占观念。绿色品牌是倡导民众崇尚健康、和谐、可持续发展的理念，是属于民众的广泛概念，不是某个单位或者组织独占的理念，也不是仅仅由领导层思考的概念问题。在建设中，要以开放的心态对待品牌的传播，让品牌的力量感染社会和民众，吸引其他组织和社会民众深入参与到建设活动中，增强绿色品牌的群众基础。

二是绿色品牌建设应瞄准自身定位，不能盲目仿效。绿色品牌同样具有品牌的传播功能，提升社会知名度和美誉度也是绿色品牌建设的目标之一，建设之初应客观认识组织自身的特征，是否具备绿色品牌的建设条件，切忌炒作“绿色”概念，或者挂羊皮卖狗肉，追求短期利益。

三是注重绿色品牌的长期维护，不能一蹴而就。品牌建设是一项长时间的工作，不只是口号，也不仅依靠宣传，需要长期坚持，在提出绿色品牌建设的策略之后，组织应该坚持推行到底，并不断发现问题，及时改进，通过调整措施，使得品牌建设向既定的目标前进，形成良性循环，维护好绿色品牌。

四是整合有效的传播方式，不能过度单一。品牌传播策略是品牌传播效能高低的关键，绿色品牌要深入人心，需要整合各种传播方式，如公关、广告、包装、人物、视频、文案、网站等等，最大化利用传播资源，提升传播效率。

五是建立品牌特色。任何成功的品牌都有其独特性和较高的辨别度，绿色品牌也是一样。只有把品牌观念深入组织发展的各个阶段，建立完善的品牌特色传播策略，才能使绿色品牌更大地发挥其传播作用。

（杨金融）

第十三章　绿色纪念品

社会活动中，不管是旅游还是展会活动，纪念品都成为体现当地文化、展现活动主题的传播媒介，是提升地区或活动知名度的重要手段。随着绿色低碳活动的广泛开展和旅游业的快速发展，绿色纪念品与公众生活有着越来越紧密的联系，发挥着越来越重要的作用。绿色纪念品应顺应生态文明潮流和公众需求，不断创新，从而成为贴近公众生活、传播绿色理念的有形产品。

一、绿色纪念品的特性

纪念品是可以承载纪念意义的物品，通常以实物存在，其用途比较广泛，且可以长时间保存，比如纪念一个人、一个地方、某件事、某次重大活动的举行等等。一些纪念品有着丰富的文化内涵和精湛的制作工艺，因而具有收藏价值和艺术价值。纪念品也是传播本地（单位）形象的载体，在人际交往中起到了增进感情、加深影响的作用，使来访者通过纪念品深刻感受本地文化，加深对本地的认识和记忆。

（一）纪念品的分类

根据纪念品承载的不同意义和应用的不同场合，可以将纪念品大致分为旅游纪念品、活动纪念品、单位纪念品：

旅游纪念品是为适应旅游业的发展所形成的具有时代性、便携性、审美性及旅游地地域文化特色的有纪念价值的产品，由于受到传统手工艺以及传统产品的强烈影响，一般具有工艺性的特点。它的范围可大可小，本文所探讨的、可以被称为绿色纪念品的旅游纪念品不包括地方食品及药品。旅游纪念品既充分展示地域历史风情，又体现时代精神风貌，以立意新颖、寓意深刻为主要定位原则。

活动纪念品是重大活动的一个衍生产品，比如，当国家遇到重大活动时往往会推出相关的纪念品，例如中华人民共和国成立五十周年纪念币、成立六十周年纪念邮票。每届奥运会也都会推出以吉祥物为原型的纪念品，北京奥运会的福娃更是让人印象深刻——每个娃娃都代表着一个美好的祝愿：贝贝象征繁荣、晶晶象征欢乐、欢欢象征激情、迎迎象征健康、妮妮象征好运。他们的原型和头饰蕴含着与海洋、森林、火、大地和天空的联系，应用了中国传统艺术的表现方式，展现了灿烂的中国文化的博大精深。娃娃们带着北京的盛情，将祝福带往世界各个角落，邀请各国人民共聚北京，欢庆中国北京的2008奥运盛典。五个福娃分别叫“贝贝”“晶晶”“欢欢”“迎迎”“妮妮”，各取它们名字中的一个字有次序的组成了谐音“北京欢迎你”。以福娃为主要原型和创作素材的纪念品主要有毛绒玩具、贵金属纪念章、徽章等。可见，活动纪念品不仅有经济价值，更是体现着主办方的气质与胸怀，有着美好的寓意。

单位纪念品是指企业、高校、政府部门等单位为了促进对外交流和社会影响力而开发设计的纪念品，这些纪念品需要能够传达本单位的特色或理念，可以借助大型活动进行发放或销售，也可以在本单位内进行日常发放或销售。比如，许多高校在校庆时会推出系列纪念品，一些著名高校在校内也设有校园纪念品专营店，供校内师生及游客购买。单位纪念品有着促进文化建设、增强品牌意识、扩大社会影响力、增强人员归属感及凝聚力等作用。

（二）绿色纪念品的分类

不论是旅游纪念品、活动纪念品还是单位纪念品，都可以通过设计和开发，成为绿色纪念品。符合以下三种条件之一的都可以被归为绿色纪念品：一是在内容方面，体现自然生态元素，如将树、山、水等融入其中；二是在制作工艺体现环保、生态的理念，如可再生，无污染等；三是制作材质方面，使用自然的产物，如木、石、叶等。简而言之，绿色纪念品就是设计元素绿色、宣传理念绿色、制作材料及工艺绿色的纪念品。

绿色纪念品具有承载记忆的功能，它是开发者文化的结晶，是所有者与某个地点或某段经历的情感联系。绿色纪念品具有宣传功能，它是开发者的文化传播活动，并通过所有者对纪念品所蕴含的生态理念、生态文化进行二次传播。绿色纪念品还具有经济功能，尤其对于旅游地而言，对绿色纪念品的开发既能传播绿色理念，又能增加相关产业的经济利益。

绿色纪念品的种类可以概括为以下三大类：

绿色自然物品：这类产品是以自然物产为基础的特色纪念品，有的直接是自然物产，比如南京的雨花石等，更多的是自然物产进行再加工，比如各地的特产茶叶，本地出产的中草药，还有将树叶、石头、木头等进行加工而成的装饰品、摆件等。

绿色手工艺品：侧重于表现本地绿色文化，生态特色的人工造物，包含普通的工艺品和更高一层次的艺术品，与第一类纪念品相比，这类纪念品具有更多的审美价值和收藏价值。比如北京林业大学六十周年校庆的纪念品，学校历史变迁全景浮雕酸枝木笔筒，既体现了学校的历史文化，也体现了学校绿色生态学府的特点，让人印象十分深刻。

绿色服务产品：是指为来访者提供的体验和服务及其附带的产品，当地的区域文化是营造体验的灵感来源，结合当地的文化特色，从感官出发，为对方提供更难忘的经历。比如在西藏旅游，当地邮局提供的风光明信片并配合特制的景观邮戳，将当地的生态文化，风土人情与游客的感官体验完美地融合。

（三）绿色纪念品的基本属性

由于生态内涵不同、纪念品定位不同，不同的绿色纪念品又不同的属性。总体而言，绿色纪念品开发需要把握环保性、代表性、差异性、艺术性、实用性与体验性等六个方面的基本属性。

1. 突出环保性

作为绿色纪念品，首先其本身应该是“绿色”的，即环保的，这也是绿色纪念品的根本属性。只有在保证绿色纪念品本身绿色环保的基础上，去拓展类型、丰富内容才是有价值的。

从制作的选材上来讲，最好选用植物纤维类、竹制材料等天然材料或可降解的、可重复利用的人造材料，尽量避免人工合成的材料，杜绝使用高污染、不环保的材料；从制作工艺上来讲，尽量减少制作过程中的能源消耗，不能造成生态破坏和环境污染，做到利用率的最大化；从纪念品内涵上来讲，绿色纪念品应该反应本地的绿色文化和生态特征，比如北京的燕京十景的明信片套装、香山红叶书签、南京的玄武湖主题茶具等；从纪念品功能上看，突出其持久使用、循环利用、多功能使用的特性，比如木质餐具等。

2. 体现代表性

绿色纪念品较其他纪念品最大的不同与优势在于其“绿色”的生态环保内涵。一些生态城市、风景名胜区、以生态为主要研究对象的单位、公司等往往会选择用绿色纪念品来代表其生态环保的特征。因此在绿色纪念品的选择、制作过程中都要因地制宜，注重纪念品的代表性，一是代表本地的生态文化和绿色风尚，二是代表本地独特自然环境中的物产。

比如从制作材料上讲，海南生产椰子、棕榈，浙江生产毛竹，用当地自然物产制作绿色纪念品不仅符合环保的原则，同时能够代表当地的地域特征；比如在文化内涵方面，由北京洛可可工业设计公司设计的“上上签”牙签盒就体现了北京这一文化古都的独特气质。“上上签”牙签盒的造型来自天坛，采用中国传统的红黑搭配。盒内牙签由可降解淀粉制作而成，共 7 根，有“七上八下”之意，并取道家“上上签”的美好寓意为产品名称。这样的纪念品在遵循环保性原则的基础上，富有东方文化特色，具有较强的代表性。

3. 反映差异性

随着科技的发展，区域之间的隔阂日渐缩小，信息传播的速度加快，许多差异化的信息随着市场一体化的进程而被淹没了，因此，现在的纪念品存在最严重的问题就是同质化的问题。在绿色纪念品的设计制作过程中，要遵循差异性原则。

首先是生态的差异，要突出绿色纪念品中绿色两字，从生态、环保、可持续等方面做文章；其次是主题的差异，都是绿色文化，城市、景区、单位的侧重点肯定不同，不同城市、不同景区、不同单位之间的特色也不一样，因此要充分结合自身的优势和本地绿色文化的核心，设计绿色纪念品的主题，从内容、工艺、形态等方面突出自身的特色，形成差异性；第三是功能的差异，根据对外交流目的的不同，纪念品的定位应该有所差异，比如景区的纪念品多为了留念，应在唤起游览者美好回忆层面下功夫，城市的纪念品除了留念，还希望吸引人来招商引资，因此要在纪念品上突出自身的优势和特点，绿色学府、科研单位的纪念品商业气味要淡化，突出文化品位；第四是受众的差异，绿色纪念品的受众在个人阅历、兴趣爱好、经济收入、文化修养等各方面多有着许多差异，其对绿色纪念品的需求、审美标准、个人评判都会有所不同，这样就要求绿色纪念品的开发者能够站在受众的角度，考虑多样性、多层次的分层化需求。

4. 强化艺术性

绿色纪念品的艺术性更多地体现在绿色手工艺品这一类别上。人总是向往美好的事物，更具美感的纪念品对游客的吸引度也更高。这里的审美包括自然美和人造美，自然美例如具有天然纹理的观赏石，人造美则包括体现在由人设计、生产、加工的工艺品上。同时，审美也不单单是指视觉方面，在提倡多感官体验的背景下，也应当考虑多感官的审美，在听觉、触觉、嗅觉等方面也应考虑如何做到更美。

5. 兼顾实用性

绿色纪念品除了要加强其观赏功能外，要兼顾实用性，达到物尽所用，更能体现绿色的原则。实用性主要只两个方面，一方面是指在功能上要在平常工作、生活、学习中能用，好用；另一方面是指在制作的过程中，要考虑纪念品的携带、运输、保存、维护等方面的元素，要做到体量方便携带、运输，材料方便保存、维护，这将加深来访者对本地之行的体验和感受。

6. 注重体验性

绿色纪念品要发挥其作用和价值，需要在与来访者的互动中实现。随着社会经济的发展，人们对纪念品的要求已经从单一的接受，过渡到渴望融入，提升参与度上。因此，在绿色纪念品的开发制作过程中，要满足人们感官上的需求，最主要的是视觉上，既要追求美的属性，又要符合本地文化自身的气质，同时，还要兼顾触觉、嗅觉等其他多感官的体验，这种综合感受带来的效果远远大于单独使用每种感官的效果。在此基础上，能进一步地利用各种手段，实现纪念品与来访者之间的互动，比如亲手制作陶艺，亲手制作压花，利用手机 app 走进虚拟空间等，以增强来访者的体验性，打造专属于本人的纪念品。

二、绿色纪念品的开发

绿色纪念品开发是一项系统的策略，需要立足绿色纪念品的特点，进行针对性的策划运作，采取品牌化、系列化、市场化的开发策略，提升绿色纪念品开放的整体质量。

（一）采取品牌化策略

各地的绿色纪念品要独树一帜，承载起本地的绿色文化和生态特色，就必须注重文化与品牌的开发与设计，树立自己的品牌。品牌就是一种信息的传递，品牌的优质对提升当地的美誉度和影响力，带动其他工作的提升具有良好的作用。树立品牌第一步是给产品做好定位，树立本地的绿色生态形象，并以该形象为中心整合周边产品。比如北京林业大学，以银杏叶为纪念品主要视觉形象，南京林业大学以水杉为主要视觉形象，开发周边的纪念品。接下来要有名称和标识，并有主要理念，便于产品的推广。如四川以熊猫为生态文化的推广标识，给系列熊猫形象产品冠以统一的理念“把四川带回家”，收到很好的效果。同时，要做好品牌的保护工作，一方面要通过法律手段，将品牌的名称、理念、主形象、主口号、主色调等申请专利保护，防止同质化产品的出现，另一方面要强化纪念品的口碑，严格控制纪念品的质量，诚如前面所提，纪念品的质量，关系到当地的美誉度，因此制定相应的标准，规范本区域内纪念品制作的质量。

（二）推行系列化策略

所谓系列化策略是指在进行设计时把握产品之间相关联的共性，进行成组成套的纪念品开发。一来有利于将分散的纪念品通过文化内涵联系在一起，形成合力，二来通过不同主题、材质、功能的纪念品开发可以满足各类人群不同层次的需求。系列化策略可以包括以下几个方面，一是主题系列化，在大主题统一的情况下，不同侧重的分主题进行设计。比如北京外国语大学纪念品，分为毕业季，开学季，校友日等主题，针对不同的人群，不同的纪念意义设计制作不同的纪念品；二是材质系列化，材料是塑造纪念品或构筑特定形态的物质基础，材料成为直接被纪念品使用者所触及与视及的唯一对象，不同材质对同一主题也会做出不同的表达，起到了相辅相成的效果。比如北京林业大学纪念品，以校训“知山知水，树木树人”为核心设计理念，分为木制品，包括笔筒、镇尺、书签等，再生纸制品，包括明信片、纪念册、笔记本等，标本制品，包括压花画，昆虫标本等；三是功能系列化，纪念品应与区域文化、区域形象相结合，除了审美价值还要兼备实用价值，根据其共用不同，开发不同系列的纪念品，比如文具系列、餐具系列、养生系列、特产系列等，满足不同人群的需求。

注意设计的系统性，一致性。绿色纪念品的设计、制作，要突出本地文化特色，在丰富产品内容、品类的同时，做到“形散而神不散”。所谓“神”即该地纪念品的核心文化理念，如北京林业大学开发的纪念品，始终体现“知山知水，树木树人”的校训，在此基础上加以发挥。南京金陵造物系列纪念品，虽然有茶壶、砚台、扇子等不同的品类，但都是以南京生态景观为核心理念，命名为玄武壶（湖）莫愁壶（湖）、秦淮盒（河）、乌衣香（巷）、石头盛（城）、紫金扇（山）清凉扇（山）、雨花台（砚台）等。“神聚”有利于集中体现本地特色文化，扩大影响力，有利于实施本地形象的品牌化战略，提升美誉度。

（三）探索市场化策略

随着社会的进步，时代的发展，人们对于纪念品的审美和要求也随之发生变化，因此在纪念品的开发中，要注意与市场的结合，与人们当下的需求相结合，不断地调整设计理念，完善设计形象，大胆地创新以迎合市场。创新体现在形式的创新和功能的创新两方面，形式创新主要是指在设计、制作纪念品的过程中融合时代性的元素，比如手绘、插画、动漫等近年比较流行的表达方式，在北京林业大学的本科生录取通知书中，用手绘树叶的形式加深了其生态属性，加强了录取通知书的纪念价值。此外，纪念品还利用当代信息化的手段，突破传统的实物模式，开发具有参与性、互动性的app，比如北京林业大学开发校园树木志app，装载一个软件，就可以知道树木的学名、分布、习性等，既节约环保，又体现了本校的特点和文化。功能创新是需要设计者在兼顾纪念品的精神功能的同时，加大对其物质功能的开发，比如北京2014年APEC会议领导人及配偶礼品，将花、叶、树枝等生态元素融入其中，除了注重其观赏性外，值得注意的是，此次国礼选用了手包、果盘这样的实用品，增加了其功能。

三、高校绿色纪念品

高校纪念品，顾名思义，能够承载高校纪念意义的物品。学校的校名、校徽、校训以及校园代表性建筑物和景观形象等均为学校主要标识，它代表着学校在社会公众中的形象，对于树立学校社会形象、凝聚校友和师生对学校的怀念具有重要意义。高校绿色纪念品应是以学校标识和学校代表性景物为题材、运用绿色环保的材料和制作工艺、承载学校历史人文特色的纪念品，它是学校与受赠人的纪念信物，代表着学校与受赠人不可割舍的感情和联系。

在设计和开发方面，根据高校主要标识，可设计出各类相关纪念品，包括：（1）工艺品类：如木质套装笔筒、画框、相框，锡匙扣、纪念币、纪念章等；（2）钟表计时类手表：主要是石英、机械类纪念手表、万年历、闹钟等；（3）文具类印刷品：光盘、书籍、贺卡、明信片等；（4）纸张类：笔记本、信纸、相册、师生签名册、同学录等；（5）玻璃、陶瓷、漆器、水晶类：如杯子、瓷器、水晶模型等；（6）针织类：各种恤衫、帽子、毛巾等；（7）包或皮具类：手提袋、帆布包、电脑包等；（8）其他类：师生艺术创作品。

高校绿色纪念品兼具实用价值与艺术收藏价值，在实现实用功能的同时，传播高校理念，蕴含着科技知识、生活态度和价值取向，对享有者起着潜移默化的教育作用。高校纪念品在校内表彰、对外交流中有着广泛的应用，校内师生和参观者的购买也增加了高校纪念品的传播范围。高校绿色纪念品开发对引领社会绿色风尚、传播绿色环保理念有着重要的作用。在进行开发时，要综合考虑以下要求。

一是突出高校绿色纪念品的纪念性。高校要运用环保的材料、传达绿色的理念，展现绿色校园形象、绿色校园风貌和绿色人文精神。高校绿色纪念品在构思上可以融入所在地域特有的文化风俗，尤其是生态环保的文化风俗，或对纪念品在形式和包装上进行富有地域风采的美化处理，使其符合纪念品的绿色包装要求，同时形成高校绿色纪念品的独特亮点。高校绿色纪念品应选择学校代表性的建筑物、雕塑、自然景观等为题材来设计纪念品的图案和造型，进行审美处理，描绘优美的校园风光，展现高校绿色的校园环境。高校绿色纪念品若将历史文化反映在纪念品中，能够使纪念品成为传播学校历史底蕴的载体，同时增强高校纪念品的纪念性。

二是反映高校绿色文化代表性。高校绿色纪念品的文化代表性在于它能否涵盖高校所在地域的风土人情、高校学科领域的科研特色等，具体包括办学理念、人文精神等。代表性对构成高校纪念品的纪念性有着决定性的意义。在设计高校绿色纪念品时，需要充分挖掘学校的文化精髓，以人文精神为依托，才能有别具一格的设计。例如南京林业大学于办学 110 周年、建校 60 周年之际推出了系列纪念品，并通过前期调查总结了最能体现自身文化特色的要素：最具有南林特色历史的水杉、最具有研究价值的银杏、校园建筑风格及校徽校训。而这些要素均被运用于其纪念品的设计中，传达着南京林业大学悠久的历史和独具特色的绿色文化。

三是兼顾艺术性和使用性。高校绿色纪念品的图案装饰、造型设计、工艺特色，在充分利用高校的建筑景观、办学理念、校史文化等题材的同时，还得满足形式美法则，通俗地表达为“好看”，

“美”，符合大众的审美情趣。越具艺术品位的高校纪念品，感染力越强，便越会受到认可。此外，要立足实用性的要求，考虑纪念品的实际效用。北京林业大学60周年校庆之际，由毕业生创办的云七书坊出品“北林60年流金岁月”系列明信片，采用手绘图片和文字说明结合的方式设计明信片图案，该系列既展现了北林校史又具有实用价值，使用者可以通过邮寄明信片与朋友增进友谊，又将北林的文化通过这一方式进行传递。

（高 斌）

第十四章　绿色形象大使

绿色形象大使是传播绿色文化与绿色经济的“宣传员”，是绿色“播种人”，是在各行各业热衷于绿色事业的“践行者”。绿色形象大使的选定，有别于传统的广告模特和品牌形象代言人，也决非常规意义上的选美选秀。

绿色形象大使，一般是指与企业、机构、事业单位以及政府的相关组织进行合作，依托大使本人较强的社会影响力与人格魅力为所代言的单位或者绿色活动开展相关的推广宣传工作的具体人物或者组合的团体。总的来说，凡是在单位绿色形象树立及绿色活动开展方面起着重要的推广与宣传作用的个人和团体均可成为绿色形象大使。本文旨在探讨绿色形象大使的作用、确立的标准及流程、开展活动的方法等问题。

一、绿色形象大使的作用

绿色形象大使有着较高的社会知名度、较强的社会影响力和独特的人格魅力，因此在引领绿色风尚、传播绿色文化、推进绿色发展方面有着独特的重要作用。

（一）有利于引领绿色风尚

用绿色榜样和绿色代言人的力量，广泛动员全社会参与绿色文明建设，提高全民绿色素质，是传播绿色文化的创新举措，也是建设绿色中国的公益行动。对于唤起社会公众对绿色建设事业的认知十分重要。

一些具有较高知名度的公众人物担任绿色形象大使或代言人往往会产生极大的社会影响。比如以取缔针对濒危野生动物的非法贸易为使命的美国环保 NGO 组织野生救援协会通过与政府部门、企业、媒体、明星及当地民众的合作，加大对野生动物保护工作的支持力度、扩大活动的影响力。野生救援拥有包括姚明、成龙、威廉王子在内的近百名明星公益代言人。美国野生救援协会选择举办好莱坞式的环保活动，通过高人气的超级巨星来传播“没有买卖就没有杀害”的动物保护理念。其中，影响最为深远、广泛的当数 2009 年姚明参与录制的公益广告。当该广告在中国中央电视台等媒体播出后，中国的鱼翅需求量下降了 50% 到 70% 。超级巨星担任形象大使或代言人的号召力与影响力也可见一斑。

（二）有利于传播绿色文化

绿色形象大使能够拉近人类生活和生态保护的距离，丰富和“绿化”人的心灵行为，不断提高全民的绿色素质，从而促使人与大自然的关系更为亲近，更加趋于和谐。在代言活动中，绿色形象大使能够根据社会发展、时代需要以及目前的生态状况，更为及时、直观地向人们传达绿色理念，呼吁绿色行动，成为实现人与自然和谐并存、互利共赢的中间桥梁和传播绿色文化的使者。

（三）有利于推进绿色事业

在美丽中国建设中，绿色人才是关键。绿色形象大使的聘请，通过向公众展示绿色人才应当具备的素质、能力和责任，表达对绿色事业的重视以及对绿色人才的珍视，动员全社会公众为绿色事业培养、发掘绿色人才，推进绿色事业的发展。通过绿色形象大使的品牌效应，带动更多人积极参与绿色事业、推进绿色事业。

二、绿色形象大使的选拔

（一）绿色形象大使的筛选原则

1. 应摒弃性别、年龄、职别限制的歧视性原则

面向全社会广泛推选绿色形象大使，其推选对象不受性别、年龄、职别限制。可以是前政要、官员、科学家、著名作家、知名企业家、社会名流、表演艺术家、新人新秀等，不唯学历、不唯职称、不唯资历、不唯身份，不拘一格推选人才。

2. 应坚持德才兼备原则

将品德、知识、能力和业绩作为衡量的主要标准，要求有基本的代言、宣传才能，对于绿色活动的受众有一定的感召力和影响力。

3. 应坚持绿色号召力原则

具备一定的奉献精神和社会责任感，愿意且能够坚持把绿色理念传播给社会公众、把绿色活动的开展落实到行动中；同时作为公众人物，能对自己的一言一行负责，能真正发挥示范引领作用。

（二）绿色形象大使应具备的条件

1. 个人形象与绿色形象相匹配

绿色形象大使必须要有良好的公众形象，即必须遵纪守法、道德高尚，没有不良传闻。公众形象是指个人的素质、实力和表现在社会公众中获得的认知和评价。良好的公众形象是社会的知名度、

美誉度和公众心目中的崇高地位。良好公众形象的基础是良好品行。但是，由于公众形象往往是在媒体的放大下形成的，因此公众形象并不等同于个人品行。个人品行是一种较为稳定的个人心理特征，而公众形象则受媒体的影响，容易发生变化。因此，考查绿色形象大使的公众形象应当与其品行结合，应起到强化群众对所代表事物，即绿色事业的正面印象，应以身作则，以贡献社会和服务人群为己任，积极投身于绿色事业。总之，对于绿色形象大使的形象应该做出全面、理性的判断，一旦正面形象有损，必将取缔此称号并要求其按照合约规定承担相关责任。

2. 自身因素与绿色活动相匹配

作为形象大使，必须要起到宣传的作用。因此，绿色形象大使需要参与到绿色实践中，将其知名度与实际行动相结合来影响大众，使更多的人投身到绿色事业当中去。同时，不应只对被考查人的形象特征与知名度进行考查，更应当注意其职业、形象与产品的关联性与相近性，同时应当注意其个性特征，不得让人产生生硬与牵强的感觉。只有其自身特点与绿色活动、绿色事业相匹配，才能最大限度地发挥形象大使的作用，最大程度地宣传绿色事业、传播绿色理念。因此，在这一点上不可草率对待。

3. 自身素质与绿色发展目标相匹配

绿色形象大使的选拔，不应只是象征性的；最终选出的形象大使，不应是无作为的。绿色形象大使除了具备一定的知名度以外，还必须具备相应的能力，以便于绿色发展目标相适应。其根本目标是使群众通过对形象大使的支持，产生并逐渐转变为对其所代言的绿色事业的支持。这就要求所选出的绿色形象大使具有一定的社会影响力，能够以其自身的所做所为引导群众、带动群众，最终实现绿色目标。如果能够使绿色形象大使的自身素质和个人目标与绿色发展目标达到基本一致，必定会发挥出更大的作用，达到更高的社会效益。因此，绿色形象大使的选拔，是有针对性的、有目的性的选拔，应侧重于其自身素质与绿色发展目标的匹配关系，而不应只是盲目、片面的选择。

在这些方面，成龙可以称得上是一位优秀的绿色形象大使，他不仅在 2004 年就出任中国环境文化促进会副会长一职、荣获 2009 年获环保部颁发“中国十佳绿色新闻人物”称号，更做到了二十多年来身体力行环保生活理念，并带动身边的人从一点一滴做起。2012 年 12 月 30 日，北京电视台财经频道播出《超级访问》节目，成龙携《十二生肖》剧组的几个演员，讲述了生活中的点点滴滴，其中为了回收时节省空间，他亲身演示压瘪矿泉水瓶子的场景，令人印象深刻。一些曾与成龙公事的演员也表示，在共同生活、工作的过程中，他会逼着大家不许浪费，即便是他请客吃饭，也仅仅点简单够吃的饭菜，绝不铺张浪费，这些都将成龙践行环保生活的态度展露无遗。长时间住酒店时，成龙也遵循着低碳环保的生活方式。他告诉媒体：“酒店的枕套、床单只要不脏，我一个礼拜最多换一次。大毛巾和小毛巾，我一用就是两三天。”他还会将酒店免费提供的自己用过的拖鞋、肥皂、沐浴露等随身带走，直到用完。他的免费拖鞋可从中国的酒店带到美国的酒店用，只要不坏，还会再带回国内，一直用到坏掉。甚至小香皂也舍不得扔掉，用浴帽包着带到下一个酒店，跨五六个国家还在用，直到肥皂用完。

三、绿色形象大使的活动开展

（一）绿色形象大使的聘请

1. 建立聘请团队

聘请绿色形象大使，是引领和组织社会公众、企业、机构参与绿色建设的重要方式。要根据聘请的绿色大使目标任务有目的性地建立团队，确保团队分工明确。该团队的主要职能是前期准备，中期操作和事后反馈。前期主要工作为确定绿色形象大使人选，协议商讨聘请方案，确定宣传活动流程，宣传有关活动理念。中期主要工作为接洽绿色形象大使，组织出席活动。后期反馈工作为继续宣传相关理念，整理报道活动，升华活动主题。

2. 培训聘请志愿者：语境、突发情况处理等

举办相关宣传活动时，需要招募志愿者，并且对志愿者进行培训，以达到维持现场秩序和引导观众和嘉宾的作用。志愿者需要掌握的技能和应该接受的培训内容如下：

（1）对于多语种拥有足够的应对能力。随着全球化潮流的不断迈进，进入中国的外国友人不断增多，能让参会的外国友人感受到中国的热情以及集会的精神极为重要，团队中志愿者需要能熟练运用英语，并需要一些可以应对小语种的专业人才。

（2）对于紧急事件能够应急处理，能够协助主办方维持秩序。在遇到火灾，空袭，恐怖袭击等突发事件时，志愿者需要沉着冷静，帮助主办方疏散群众，稳定人心。为此，我们需要对志愿者进行特殊训练和紧急疏散知识普及。

（3）有良好的精神面貌，着装，仪容仪表。志愿者是迎接来宾

的第一道风景线，拥有得体的着装，干净的仪容仪表，积极的精神面貌极为重要，做到用微笑迎接来宾，用耐心解答询问，给予来宾最大的方便和最甜美的笑容。

3. 建立联系：人脉资源积累、网络、粉丝团

绿色形象大使，是传播绿色文化与绿色经济的“宣传员”，是绿色“播种人”，是在各行各业热衷于绿色事业的“践行者”。为了达到既定的活动目的，在活动前期要加强舆论宣传，扩大活动的知名度，在活动进行期间，要做好宣传通过绿色形象大使的个人明星效应，推动整个活动的顺利进行。绿色形象大使是某个行业的楷模和典范，是具有明星效应的人物，我们应该抓住这一特点，建立并管理粉丝团队，通过粉丝团队的增加，从而增加绿色形象大使的影响力，从而达到持续影响的目的。

（1）建立粉丝团。绿色形象大使是某个行业的楷模和典范，是具有明星效应的人物，我们应该抓住这一特点，建立并管理粉丝团队，通过粉丝团队的增加，从而增加绿色形象大使的影响力，从而达到持续影响的目的

（2）从不同方面积累人脉。随着通讯技术的越来越发达，人们交流的方式地点都有了巨大变化，我们要抓住这一特点，顺应时代的潮流，在各个方面积累人脉，宣传绿色形象大使，从而达到扩大影响的效果

（3）互联网的准确利用。通过建立贴吧论坛和开启官方微博等方式，让人们更多地了解和认识到绿色形象大使的概念、使命以及其意义，并且可以更好地与群众交流，解答群众疑惑，使绿色形象大使更亲民、更近民、更得民心。

4. 聘请方式：一对一邀请

在确定前期的准备后，聘请团队应一对一邀请绿色形象大使。首先应与其经纪人或者经纪公司联系以确定档期和时间安排。确定具体的时间和地点安排后，应派出专业的团队人员进行接洽。邀请时应与绿色形象大使沟通协商，明确活动目的，宣传工作的时间和内容，出席活动的时间地点和流程，以及活动后期的后续宣传工作等。

（二）绿色形象大使作用的发挥

1. 通过各行各业绿色形象大使的代言，以“绿化”人的心灵，凝聚民众绿色意志，提高全民绿色素质。

通过电视艺术形式，立体展现绿色形象大使的绿色行为，借助电视艺术手段使绿色形象大使及业绩得到形象化表现，可以扩大和丰富绿色文化内涵，为构筑具有社会核心价值即绿色时代精神做出努力。

2. 通过编辑出版图书，树立绿色形象大使引领社会绿色新风尚和社会正气。

用《绿色楷模》《绿色英才》《绿色企业家》《绿色使者》等专题，全方位展现他们的功绩和理念。通过图书和专题的形式，向更广大的群众提供富有深度、详细正确的文字资料，弘扬绿色新风尚，促进绿色文化的传播和推行，为传播社会正气，构筑和谐社会做出努力。

3. 邀请绿色形象大使出席现场活动，与观众面对面交流。

绿色形象大使往往是在绿色行业具有突出贡献的代表，或者是符合绿色理念的公众人物，其社会知名度较高，影响力较大。通过出席现场活动、直接面对公众，与社会直接进行交流，更有利于其向全社会宣扬绿色风尚，绿色理念，直击人心。

4. 综合利用传统媒体和新媒体增强绿色形象大使活动的传播效果，扩大绿色形象大使的影响力，从而达到引领公众参与生态环保的目的。

绿色形象大使从事的是大众传播活动。大众传播具有社会化功能，在传播知识、价值以及行为规范方面具有重要的作用。广播、电视、书籍、报纸等传统媒体是进行大众传播的重要媒介。这些传统媒体在人们的生活中仍占据一席之地，仍发挥着一定的作用——当我们看电视、听广播时均为单方面地接受信息，人们可能会同时接受自己关注的和不关注的信息，这也增加了绿色形象大使活动的传播受众。

随着网络技术的发展，互联网对传统媒体造成了极大冲击。微信、微博等新兴社交媒体具有传播速度快、传播范围广泛、信息内容海量、信息形态丰富、信息检索便利、传播过程交互等特点。越来越多的人，尤其是年轻人基本将网络作为自己获取信息的媒介。网络世界内容繁杂、异彩纷呈，如何在海量的信息中使绿色形象大使活动得到受众的关注是值得探索的问题。绿色形象大使网络传播的效果与形象大使本身的人气及社会影响力有关，也与活动的策划与实施有关。绿色形象大使自身较强的社会影响力、绿色形象大使活动内容与公众生活的贴近性、活动进行网络传播的实时性与交互性是绿色形象大使活动进行网络传播的重点。

四、我国绿色形象大使的概况

随着生态文明建设的逐步推进，全国及各省市区的绿色形象大使不断涌现，越来越多的主办方倾向于选择海选的方式评选绿色形象大使。“海选”这一方式为普通民众提供了成为绿色形象大使的机会和展示自身魅力的平台，也让公众有机会聆听普通人的环保故事、亲自选出环保事业的贡献者和绿色生活的引领者，海选活动本身也增加了绿色形象大使的知名度，为今后的活动开展奠定了基础。

（一）中国环境大使

“中国环境大使”是国家环保总局为更好地宣传环境保护的重要性，树立生态文明理念，提高公民的环境意识，加大公众参与环境保护的力度，建立健全环境监督机制而设立的荣誉称号。国家环保总局要求“环境大使”必须具有较强的社会责任感和环保意识，热心环境保护事业，愿意支持、参与并推动环保公益活动的发展；在其所从事的行业有较高的专业水平，有一定的社会知名度和良好的公众形象，对公众有较强的号召力和影响力。“环境大使”不受国别、种族、年龄、职业的限制。每一届“环境大使”任期为两年，其管理机构设在中国环境文化促进会。

经过公众评议，最终由环保总局任命的“环境大使”将负责向国家环保总局及有关部门反映环保方面的社情民意，揭露和举报破坏环境的事件和行为，提出建议并监督对其所反映问题的处理结果；参与国家环保总局的有关社会活动，向公众宣传环境保护，树立良好的绿色文明形象；同时还将以国家环保总局“环境大使”身份开展国际文化交流活动。

2003 年，经公众推荐评选，国家环保总局任命了冯巩、关牧村、陈佩斯、吴小莉、腾格尔、娄正刚、冯小宁、冯丹藜、李亚鹏、姚远等 10 人被国家环保总局聘为第一届“中国环境大使”。由于这是首届聘任“中国环境大使”，此事当时在国内影响颇大，各大媒体争相报道。这次评选的十位“大使”也是无可非议，特别是当时年仅十六岁的北京师大二附中高一学生姚远的当选，更是引起了很多媒体的关注。这个小姑娘从初一开始，就利用节假日，和妈妈一起到内蒙古、甘肃等偏远地区，给当地希望小学的孩子们讲授环保知识。

第一届“中国环境大使”当选后，都认真履行着自己“环境大使”的职责，利用各种机会和场合宣传环保知识，倡议环保行动。在环保总局的组织下参加了对天安门广场周边地区环境的清洁与维护，向游人和公众宣传环保知识等活动。通过“中国环保大使”的公益宣传活动，他们充分发挥了自己的公众影响力，唤起全社会关注环境问题，共同促进全社会公众参与环境保护，为推动我国环境文化的发展做出贡献，为我国的可持续发展战略创造良好的社会条件。

2005 年 3 月启动的第二届中国环境大使评选活动首次推出了推荐与自荐相结合的评选方式，激发了广大公众参与的积极性，得到了社会各界的热烈反响。截止到征集日期，大使办公室共收到符合要求的有效申报材料 429 份，其中：被推荐的 321 人，自荐的 08 人，年龄最大的 77 岁，最小的 7 岁，分别来自自然科学、社会科学、文化艺术、教育、企业、新闻、环保等领域，申报者来自内地、港台和海外，他们中有来自浙江的农民陈法庆、河南的农民田桂荣、来自英国的中国留学生智升科、来自洞庭湖 77 岁的环保志愿者朱在保、来自北京的 7 岁小学生张亲、来自部队的战士于宇、来自内蒙古的民营企业家陈相贵等。经中国环境大使办公室对申报者资格进行认真核查和调查评估，最终确定中国科学院可持续发展战略组首席科学家、研究员牛文元，中国人民大学农村与农业发展学院院长温铁军，鞍山钢铁集团总经理、中国工程院院士刘玠，北京东方德才学校五年级学生、《中国少年报》小记者王君婧，著名艺术家、中国铁路文工团国家一级演员张国立，著名歌唱家、总政歌舞团国家一级演员阎维文，著名电视人、香港阳光卫视有限责任公司董事局主席杨澜，著名青年艺术家、中国电影集团导演陆川，台湾著名艺人张信哲，台湾著名艺人陶喆，为2005年第二届“中国环境大使”候选人。

2008年4月22日，宋祖英、徐静蕾、唐国强、满文军、陈吉宁、邓亚萍、敬一丹、白岩松、张晓刚、汪浩源等十位热心公益事业的社会知名人士被中国环境保护部聘为第三届的“中国环境大使”。此外，新任十位环境大使也都表示，将在他们的任期内真正成为践行生态文明、引导公众积极参与环保的引导者——宋祖英倡导大家积极植树造林，并承诺在两年任期内义务参加环保宣传活动；唐国强倡导在家都用环保冰箱，减少臭氧层消耗物质的排放，同时承诺积极参加环保公益性影视演出；徐静蕾倡导大家保护环境、促进人居和谐，承诺将坚持利用自己的博客中开辟专栏谈环保；张晓刚承诺将以鞍钢为典型带动中国钢铁工业走出一条节能减排循环经济的绿色钢铁之路；敬一丹倡导大家使用环保信封，双面打印文件，承诺用媒体的视角鞭挞和监督破坏环境的行为；白岩松倡导垃圾分类并承诺继续用媒体的视角关注环保问题；陈吉宁倡导大家保护水资源的同时承诺将继续研究环境经济政策，努力促进建立规划环评机制，推动规划环评技术条例的制定；满文军倡导大家出行骑自行车，尽量少开车，并承诺自己将多唱环保新歌新曲；邓亚萍承诺将绿色奥运的理念走到哪里带到哪里；汪浩源承诺从自身做起，从小事做起，保护好我们的家园。

（二）野生动物保护形象大使

由于野生动物生存环境的不断恶化、种类不断减少，我国对野生动物保护不断加大力度，中国志愿者保护藏羚羊协会、盘锦市黑嘴鸥保护协会等民间野生动物保护 NGO 组织不断兴起，在野生动物保护、志愿者活动组织及志愿者培养方面成绩斐然。各地的野生动物保护形象大使不断增加。

1. 中国野生动物保护协会公益形象大使

2013 年 6 月 14 日“中国野生动物保护协会公益形象大使受聘仪式”在北京隆重举行。中国野生动物保护协会授予章金莱先生（六小龄童）为公益形象大使。六小龄童曾在《西游记》中扮演孙悟空，得到了全国人民乃至世界人民的喜爱，尤其深得孩子们的钟爱。六小龄童曾经是中国野生动物保护协会“金丝猴爱心大使”，多年来，六小龄童积极参与生态保护、环境保护公益活动，博得社会各界的尊敬。

章金莱担任野生动物保护协会公益形象大使与其自身的演艺经历有关，与他自身的精神气质相符，并一直积极投身于野生动物保护活动，有着很强的社会影响力。选择形象大使时都需要考虑形象大使本身的“人气”，喜爱这些形象大使的公众人数越多、范围越广，可能参与到该项绿色环保事业的人数就越多。与年轻的演艺明星不同，“孙悟空”这一形象深入人心，章金莱广受观众喜爱，这些观众分布在各个年龄段、从事着不同的职业。章金莱担任野生动物保护的形象大使有着广泛的公众基础。

2. 浙江省野生动物保护形象大使

2015 年 10 月 18 日，以“关爱野生动物，保护秀美家园”为主题的 2015 浙江省野生动物保护形象大使选拔活动最后一场总决赛在杭州野生动物园圆满结束。来自全省的 20 名小选手，在亲友团的助阵下，通过展板演示、激情演说、小品表演、互动问答等各种方式，充满激情地宣讲他们的保护计划，倡导保护野生动物从我做好。根据小朋友所做的保护计划和舞台展示等综合得分，最终来自杭州采荷三小的周逸如获得金奖，其他小选手分别获得了银奖、铜奖和十佳选手称号。历时 5 个月的“2015 年浙江省野生动物保护形象大使选拔活动”完美收官。

“浙江首届野生动物保护形象大使选拔”活动，是由浙江省青少年校外教育中心、浙江电视台少儿频道、浙江省野生动植物保护协会、杭州市林业水利局等单位联合发起，于 2015 年 6 月 1 日，在浙江少儿频道演播厅举行隆重的活动启动仪式。活动通过网络报名，邀请全省 4 周岁—12 周岁少年儿童体验参加，争当野生动物保护形象大使。全省有 13 万家庭通过登录官网关注活动，共计 7962 户亲子家庭报名参加活动，汇集省内外 10 万多人次参与加油点赞，微信总票数 128 万余次。

整个活动通过前期网络知识竞赛、户外观察体验、创作野生动物观察手记、制定野生动物保护计划书，让青少年了解野生动物保护科普知识，让更多的人关爱野生动物，保护秀美家园。通过层层选拔，最终 20 名小选手进入决赛，并最终决出金、银、铜奖。活动后续浙江少儿频道将制作浙江野生动物形象大使公益海报及电视宣传公益广告并进行推广宣传。

（李　佳）

第十五章　绿色新闻

新闻是指新近发生的事件，一般通过报纸、电台、广播、电视台、互联网等媒体途径所传播的信息。新闻的概念有广义与狭义之分。就其广义而言，除了发表于报刊、广播、互联网、电视上的评论与专文外的常用文本都属于新闻之列，包括消息、通讯、特写、速写等，狭义的新闻则专指消息，消息是用概括的叙述方式，以较简明扼要的文字，迅速及时地报道国内外新近发生的、有价值的事实，让别人了解。

20 世纪中后期以来，伴随着工业化的发展，环境污染不断加重，生态危机逐渐成为人类面临的主要问题之一。低碳经济、环境保护等报道逐渐成为新闻报道的重要内容。随着媒体对环境问题的大量报道，绿色问题越发受到政府、企业、公众关注。在绿色发展的进程中，绿色新闻报道产生了重要的推动作用。

一、绿色新闻的内涵

说起绿色新闻，大家都不觉得陌生。因为但凡综合网站或者稍有影响的报纸，都或多或少有一些与绿色、环境、生态或者生态文明有关的专题或者报道，只不过各自侧重点、关注点，所占版面或内容不同而已。例如，《南方周末》《南方日报》先后开辟了绿色新闻版，对绿色发展新闻进行深度报道；北京林业大学将绿色新闻网作为该学官方新闻网站的名称，报道内容包括绿色要闻、绿色校园、绿色微信、绿色视野、绿色观点等内容，是一个绿色特色鲜明的校园新闻网站。

所谓绿色新闻，是关注“绿色领域”的新闻报道，即采用新闻手段传播环境、生活、新能源、城市和社会可持续发展等公众关心的种种新近发生的绿色相关信息，是时刻变动着的环境事实与新闻表达传播方式相结合的产物。绿色新闻的核心是新闻，特点是绿色。通过绿色新闻报道绿色进程中的新闻事件，引起广大公众对绿色问题的关注，进而影响到公众的观念和生活习惯。

关于绿色新闻的定义，北京林业大学铁铮教授在 2007 年提出的绿色新闻有两层含义。一是指覆盖林业园林、环境保护、生态建设等相关行业、领域的新闻；二是指采编中符合可持续发展绿色理念的新闻。

（一）绿色新闻涵盖的领域

从狭义讲，绿色新闻与环境新闻的内涵基本相同。但从广义上讲，绿色新闻的领域更为宽泛，主要涵盖了以下七个主要领域：

第一个领域是环境，这里的环境是狭义概念，即相对于人类主体而言的自然环境。环境新闻即传统意义上的环保新闻。环境新闻在绿色新闻中占有较大的比重。以《中国环境报》为例，《中国环境报》是由国家环境保护部主管，中国环境报社主办的报纸，该报权威发布党和国家有关环境保护的方针、政策、法律、法规，监督环境违法行为，报道防治环境污染和保护生态的动态和经验，传播国内外环境保护相关知识、技术，反映公众的意见和要求，聚焦环境热点、焦点问题，报道了很多环境领域的新闻。

第二个领域是能源。能源是人类赖以生存的物质基础，能源问题同样是全世界、全人类共同关心的问题。绿色新闻关注的能源主要包括能源安全、能源效率，包括传统的煤电油气能源和以风能、太阳能为代表的各种新能源。《中国能源报》是服务国家能源战略、能源政策与宏观管理的信息发布平台，也是我国第一张针对能源全产业链并为其服务的综合性能源产业经济报，该报报道的大量的能源方面的新闻。

第三个领域是低碳。低碳是指较低的温室气体（二氧化碳为主）排放。随着世界工业经济的发展和人类长期对地球资源的过度开发，全球气候变暖产生了一系列气候变化问题，已经严重危害到人类的生存环境和健康安全。减少排放二氧化碳的生活则叫作低碳生活。绿色新闻主要关注气候变化以及衍生的低碳经济在内的一系列变化发展的相关新闻。

第四个领域是绿色城市发展。城市是人口聚集的中心，城市的发展是社会繁荣的象征，但是如今大城市病困扰着许多城市，城市给人们带来众多便利的同时也带来了很多问题。城市吸引着越来越多的农业人口的同时也带来了很多负面的影响，如何更好地发展城市，使城市更适宜人类居住，这是绿色新闻要报道的重要内容。

第五个领域是绿色生活。生活方面的报道与百姓息息相关。绿色新闻则主要关注生活方式绿色化和公共安全，这些是社会舆论关注热度很高的领域。也是绿色新闻报道的热点。

第六个领域是绿色经济。绿色经济报道，主要关注经济体各领域，各细分行业的绿色变革报道。只有经济绿色化，才能实现社会可持续发展。因此，媒体都十分重视绿色经济的报道。

第七个领域是生态文明。作为“第四次革命”的生态文明，不仅在中国，在国际上也成为重要研究和报道领域。生态文明是人类为保护和建设美好生态环境而取得的物质成果、精神成果和制度成果的总和，是贯穿于经济建设、政治建设、文化建设、社会建设全过程和各方面的系统工程，反映了一个社会的文明进步状态。生态文明涉及一系列深刻变革，对此的报道是绿色新闻的主要领域。

（二）绿色新闻的报道方式

绿色新闻报道既包括报刊、电视、广播等的新闻报道，也包括网络媒体的各种新闻报道。当前，由于专业和知识积累等原因，我国相关行业和领域的绿色新闻在传播上还有明显的封闭性，在社会上的影响度不够，社会媒体传播的绿色新闻的数量不够。有些新闻违反科学性，不符合可持续发展的绿色理念。

从历史上看，早期部分文艺作品承担了绿色报道任务，包括绿色报告文学，也包括后续的绿色文学作品（如诗歌、散文、小说等），还有电视、广播、电影，都在从各种方式诠释绿色报道的各领域内容。

需要指出的是：尽管文学与新闻有着严格差别，但二者的联系是密不可分的。首先，前者为后者的起源，无论东西方，在绿色发展史的流变中，都有“自然写作文学”（Nature writing）阶段。这个阶段是文学的先声，而新闻则是文学发展到一定阶段的产物；无论中外，融文学性和新闻性于一炉的报告文学都曾成为新闻学的重要载体。其次，文学为新闻提供了更大的空间和丰富的人力资源，许多作家实际承担了新闻记者的角色，比如美国的惠特曼和中国的徐刚。就像《寂静的春天》和《罗马俱乐部》等作品一样，处在绿色大传播视野之内的绿色文学在宏观上大大丰富、促进、启发了绿色新闻传播。

进入20世纪90年代，绿色新闻和绿色文学开始有了明确的分界。绿色新闻更加关注现实性和科学性，同时还久绿色发展的路径提出反思。比如近几年关于沙尘暴的报道既注重揭示危害，又通过现场考察、专家探讨等形式，分析沙尘暴的成因及对策。

（三）绿色新闻的传播平台

一是以报纸、杂志、电视、广播为代表的传统媒体。如前文提到的《中国绿色时报》《中国环境报》《中国花卉报》等专门报纸，《绿叶》《中国国家地理》《绿色中国》《中国林业》等期刊杂志，还有以广播电台为平台的特写采访专题等。

二是以应用网络媒介传播的新兴媒体。如中国林业信息网、绿色新闻网等专题网站，各门户网站、综合性网站的相关专题，以及以微博、微信、手机客户端、手机彩信等为媒介传播的新媒体平台，在绿色新闻的传播中越来越发挥着重大的作用。

三是文学、文艺作品。如前文提及的各时期代表小说、诗歌、报告文学、如《动物世界》电视栏目和电视专题片、生态方面的电影等。

四是各种绿色主题的高端论坛、研讨会。他们既是绿色报道的对象，也是绿色报道的主体和内容，起到绿色报道的作用。如生态文明贵阳国际论坛，该论坛传播生态文明理念，分享知识与经验，汇集最佳案例，促进政策的落实与完善。

五是各种活动和评选。如“中华环保万里行”活动，NGO—政府—媒体共同促成的其他绿色主题活动，还有各种绿色主题评选。

二、绿色新闻的写作

绿色新闻的写作遵从一般新闻的写作规律。什么是新闻？一般意义上应该是：以最快速度对读者感兴趣的事实进行有选择的报道。这种“选择”体现在两方面：一是媒体的立场、编辑的好恶、记者的偏见；二是媒体所处环境（或地域）的政治文化氛围、意识形态、受众对新闻接纳和理解水平、记者知识结构等。

如果说新闻报道的目标，一是让读者看，二是让读者关心。那么，新闻就应该包含“读者需要知道”和“读者想知道”两个方面的内容。因此，绿色新闻的写作应以此为出发点，进行把握。

（一）新闻写作基本知识

1. 硬新闻和软新闻

从写作的角度，新闻分为硬新闻和软新闻。作为硬新闻，可以理解为消息、新闻综述、简讯等等，它以陈述事实为主，常见于报纸、电台、电视台、手机报、网络媒体等，是我们主要面对的一种新闻形式。软新闻有时也成为特稿、人物特写、通讯等。

2. 倒金字塔结构

倒金字塔结构是新闻报道，尤其是硬新闻常见的结构，据学者统计，约占新闻总量的80%。所谓倒金字塔结构，就是把最重要的内容放在最前面，最不重要的内容放在最后面，文章内容的重要程度随着文章的发展逐步递减。

倒金字塔结构主要分为四大部分：导语、主体、背景、结尾。

导语，硬新闻的导语一般就是第一段文字，要求开门见山、短小精悍，并能体现六要素中最有新闻价值的内容。新闻导语最重要的任务是抓住事件的精髓，并诱导读者继续读下去。

主体，应该陈述文章的主要事实，事件涉及的个人和组织，以及有争议的问题。

背景，是进一步阐述要点，揭示更多细节，为文章增添深度和色彩，并增加一些参与者的引语。

结尾，是对文章进行总结，将文章的多条脉络结合起来，或者通过直接引用事件参与者的话来提出一些思考。但是结尾不应该再包括新信息或提出重要的主题和结论。总体来说，结尾要一笔带过。

3. 新闻的六要素

5 个 W 和 1 个 H 就是新闻写作的基本要素，分别是：Who（关于谁的事?）、When（什么时候发生的事?）、Where（在哪儿发生的事?）、What（发生了什么事）、Why（为什么发生?）、How（怎么发生的?）。

4. 新闻引语

在报道中记录别人说的话就是引语。在强调引语重要性中，有一句话叫作“新闻就是‘他说’”。引语分三种情况：直接引语、间接引语、部分引语。

直接引语就是整句引用，并用引号标注出来，在三种引语中最有价值。它可以使稿件具有现场感，还可以让新闻报道具有信息权威性，还可以让读者意识到所报道事件涉及的有血有肉的人。当然，直接引语还可以拉开记者与新闻事件和新闻当事人的距离，显示记者引用其话语，但并不一定赞成其观点，可以让新闻报道具有平衡性。直接引语还因为是口头表达，能够起到调节报道节奏，让读者从信息高度压缩的语句中喘口气，使新闻报道更具有可读性。

间接引语是不用引号，是记者对说话人所说的话的整理或压缩。

部分引语是引用说话人所讲话语中部分值得注意的措辞，并由引号标注。

（二）绿色新闻的构成

从格式上，完整的绿色新闻包括标题、导语、主体、背景及结尾四部分，其中导语和主体是最重要的，必不可少。

1. 绿色新闻的标题

标题是新闻的“眼睛”，是对新闻内涵的高度概括和浓缩。制作标题是新闻报道的延续和新闻稿最重要的部分，它是一门艺术，也是一门学问。“题好一半文”，好的标题是作者智慧的结晶。

标题可以尽快选择信息帮助读者理解新闻主旨；向读者广告新闻内容；强调和评价核心内容以吸引读者；满足读者了解基本新闻事实的需要。

标题的制作，尽管在传统媒体时代，有各种不同类型，但在互联网媒体兴盛以来，采用最多的是只有一个标题（主标题、正题）的形式。正题的制作，要求一目了然，独立成句，要能表达新闻的主题思想和核心内容。

绿色新闻标题制作的基本原则是生动鲜明、准确凝练、新颖别致，突出绿色特色和科学性。

2. 绿色新闻的导语

导语是新闻的开头部分，一般由最新鲜、最主要的事实或依托新闻事实的精辟议论组成。它用最精辟的文字，写出新闻中最主要、最新鲜的事实；或揭示主题、制造悬念，唤起阅读兴趣。其最主要的任务是用最少的语言传达尽可能丰富的信息。

硬新闻的导语一般就是第一段文字，要求开门见山、短小精悍，并能体现六要素中最有新闻价值的内容。新闻导语最重要的任务是抓住事件的精髓，并诱导读者继续读下去。

会议型新闻作为最常见的新闻形式，导语应把会议的目的——做出了什么决定，采取了什么行动放在导语中，而不是记流水账，应尽量避免写会议程序，要把程序放在最次要的位置。会议型新闻导语写作时，一个重要的小技巧就是把会议新闻导语变成“行动性导语”。

表彰、获奖型新闻，可以用获奖者身上发生的感人小故事来做导语，颁奖会议作为背景或有头，但不应该作为导语来写作。

数据发布型新闻，尽量避免枯燥的数据陈述，要通过对比，找出“接近性”，追求新闻事件的故事化、人性化和戏剧化。

总之，绿色新闻的导语应遵循以下几条基本原则：

一是突出最有意义、最有新闻价值的绿色要素。新闻价值是选择和衡量新闻事实的客观标准，具有新闻价值越大的新闻越有可读性，越能吸引读者的阅读。新闻价值指凝聚了新闻事实中的社会需求，它包括时效性、重要性、显著性、接近性以及趣味性等几个基本属性。

二是可以通过提问、提出反差、使用引语吸引读者注意。提问式导语开篇提出读者所关心的问题，让读者带着问题进行阅读，并在文中给出问题的答案，并且提出的问题要有针对性，还要做到自问自答，不可只问不答。反差式导语就是让读者形成反差，使读者置身其中，形成对问题或者话题的关注。使用引语是指在开头引用权威的一段话或者一句话。

三是要强调导语内容与绿色报道方向的统一。导语的内容要与报道的方向统一，这样才能做到前后一致，共同凸显主题。导语与报道方向不一致就会使新闻所要表达的内容与实际的内容产生歧义，让观众摸不着头脑。

四是要强调导语内容与读者需求的统一。导语应该是一条新闻中最吸引人的，最重要的话，也是最吸引读者阅读的。导语内容要与读者的需求相一致，这是读者能够继续往下读的基本要求，读者的需求对于提升导语的质量也会有一定的促进作用。

五是使用真实性或有依据的事实（或数字）来源。导语的真实性是新闻价值的重要体现，不能把一般化的过程、措施和泛泛而谈的经验体会写进导语里以免把最重要的、实质性的内容掩盖了。事实的实质性内容往往最有特色、最受读者关注，也最有吸引力。只有最重要的，才是最有意义的；只有最新鲜的，才是最有吸引力的。

六是短小精悍。好的导语不需要太多的词语来表达，越是短小精悍的导语越能起到画龙点睛的作用。导语写作要简明扼要、言简意赅，不能拖泥带水、模棱两可，让读者看到导语之后一目了然，能够一下知道新闻所要表达的主要内容。

3. 绿色新闻的主体

主体是新闻的躯干，所占文字最多，位于导语之后、结尾之前，是新闻的重要组成部分。内容比导语更详细和充实，篇幅比导语长，是新闻的展开部分，其承担的主要任务实进一步阐述导语中的事实，使新闻内容更加明确；运用背景材料补充导语，使新闻的根据更确凿、内容更丰满。

主体的写作大体上有两种结构：一是根据主次、因果等逻辑关系，先重后轻、有点有面或并列安排结构层次；二是以时间顺序来安排材料，即开始怎样，如何发展，怎么结束等。

4. 绿色新闻的背景

背景是消息的辅助和衬托部分，一般穿插安排在主体之中，没有确定的位置。背景用来介绍事实发生的现实或历史环境，同事实相关的解释说明，以便于读者了解事实的来龙去脉，增加新闻的知识性、趣味性。

新闻背景是作者在行文中的，对新闻事件产生的相关条件和有关知识所做的必要交代和介绍。它起到了延伸思路，深化主题；注释解说，帮助理解；丰富内容，增加趣味的作用。

背景一般写作手法分为对比、说明、注释等三种。对比性背景是作者在报道某一新闻事实时，为突出其性质、特点及意义，运用今——昔、正——反的思路，把新闻事实的历史形态和相反情况作介绍，与新闻事实形成明显对照和衬托。说明性背景是对新闻事实产生的相关条件、新闻来龙去脉进行交代，说明事物产生的各种因素，揭示事物发生和变化的意义。注释性背景是对概念、术语、著名历史事件和人物、相关科学知识进行解释，以帮助读者正确理解新闻所提供的事实，认识其意义。

5. 绿色新闻的结尾

新闻结尾特指能深化报道主旨的新闻的最后一部分，但新闻的最后一部分不一定都是结尾。结尾的写法也比较灵活，有的另起一段，置于文末；有的主体写完，新闻事实交代清楚就自然结尾，不专门立段。

三、绿色新闻的创新

（一）重视绿色理念的传播艺术

绿色理念的传播看似虚无缥缈，实则贴近生活。因此绿色新闻报道必须“活起来”，才能打动读者，进而发挥传播绿色理念的功能。主要可从常规选题、热点问题、监督报道等三方面做出努力。

1. 常规选题报道：诉诸趣味与情感

常规选题是指与生态有关的会议、发言、环境变更等动态新闻，这些新闻具有较高新闻价值和较大信息容量，但由于往往看似离实际生活较远，所以难以吸引读者眼球。

一是从趣味点入手，引人注目。会议、政策、讲话的报道通常枯燥无味，但如果能抓住其中的某一趣味点，做好标题和引文，则会让报道“活”起来，让读者感到温馨。

二是用感性表达方式政府读者情感。前文介绍的绿色报道的很多内容，其实距离读者生活都很远，一般很难引起关注，通过介入图片、描述等感性表达方式，诉诸情感冲击，及其读者的阅读愿望。如新华社图片栏目，人民网的图说解读，每次重大会议期间，都会推出系列报道，通过“读图”来代替“读书”，拉近了常规选题与读者之间的距离。

2. 热点问题报道：追求平民视角

全球气候变化、温室气体排放、生态、新能源开发等当前媒体绿色报道的热点问题，需要启发人们从身边事做起，参与生态环保和可持续利用，采用平民视角，把宏大的生态问题细化为读者正在经历的事情加以报道。

一是关注平民保护生态的行动。2015 年初，在微信圈有一篇北京 50 岁大叔用 6 个集装箱建造的生态家园的故事，引发大量转发和讨论。文中的主人翁通过改造集装箱，设计居室空间，各种生活垃圾处理成沼气池材料，节能节水材料运用……普通人不普通的做法为报道对象的做法，很有说服力。

二是采用以小见大的报道方式。如果只是空动地说“气候变化需要引起重视”，这样说教的报道是很难引起读者重视的。《星期日泰晤士报》的记者用赌博者和气候学家的盛会为视角讨论气候变化问题，从打赌的小事入手，着眼点确实展示气候变化的剧烈情况，以引起人们对气候问题的关注。

三是选择与读者切身利益相关的报道角度。一个事件可以有多种解读方式，要使读者容易接受，需要选择与读者利益相关的角度进行报道。

四是体验式报道。“现身说法”是有效的传播方式，受众对传播者亲历的事情更易信服，用第一人称写作的体验式报道，让读者身临其境地感受事件发生的过程，能更好传播绿色理念。

3. 监督报道：灵活进行善意的批评

生态问题备受全社会重视，发挥舆论引导作用，吸引公众有序参与生态治理，成为绿色新闻监督报道的重点。

一是调和监督报道的严肃色彩。政府官员在生态环境和能源利用方面的实务常成为媒体报道的对象。这种题材比较敏感，处理不好可能把善意的批评转化为媒体与官员的矛盾。就需要努力调和这种矛盾的、严肃的色彩。

二是通过报纸与网络鼓励受众参与监督。

（二）重视绿色新闻选题的人文关怀

绿色新闻的重要内容是生态问题。生态问题通常与人交织在一起：破坏和保护生态的是人，承受破坏后果和享受保护成果的是人，对生态变化最敏感的也是人。生态问题的特殊性，使其报道具有鲜明的时代特色、强烈的忧患意识和人文色彩。以“生态”为主题的绿色报道，就是要始终把关注百姓命运作为不可推卸的责任，以推进人类生存环境质量的改善。

人文关怀是新闻报道的精神底蕴，也是绿色报道的精神底蕴。要坚决摒弃当前绿色报道中常见的“见事不见人”“重事轻人”的现象：这种报道通篇下来，没有人的姓名、语言、行动，更没有人的情感与思想。受众在这种报道中无法找到可比照的人，缺少了报道与对象自身心理与行为联系起来的参照系。有些报道出现“人”，但只是具有群体性、概念性特征的政府部门或企业，是“标准人”。

要使舆论落到实处，必须突破单纯的事实层面的报道局限。在掌握事实的同时，采访的重点由现象向人转移，投入更大的精力对人进行采访报道。如对受害者的呼声愿望的把握，对破坏者的分析刻画，对建设者的现场描述等，让人物的闪光点和污点在报道中交锋。

绿色新闻的最终目标是提高公众的绿色意识，并使他们自觉参与到绿色行动中来。绿色报道体现人文精神是多角度的，如中央电视台的《动物世界》，你很难说他是不是绿色报道（前文作为绿色报道实例计入），但这个栏目开班这么多年，让越来越多的人知道动物是人类的朋友，而不是捕猎的对象。《中国国家地理》等多种人文类杂志，告诉人们绿色的美好。这种角度，比很多批评性报道更能传播绿色理念，就是因为这种传播过程体现了人文精神。

（三）重视对绿色知识的宣传普及

一是向从业人员传播绿色知识。近年来，媒体颇有争议的新闻传播话题是“转基因”，某新闻从业人员和某科研人员之间的媒体博弈，实际上是专业知识和公众认同的博弈。目前，作为普通公众，大多遵从内心选择支持某一方或反对某一方，但这一“转基因”的话题，对专业领域的新闻从业人员或者绿色传播者的要求确实显而易见的。因此可见：有些新闻违反科学性，不符合可持续发展的绿色理念，在从业人员中普及绿色知识是当务之急。

二是向公众传播绿色知识。在“双微时代”（微博、微信），各种知识接踵而来，其中不乏伪绿色知识。如牙膏尾部的条码颜色指示其天然材料、化工材料、合成材料属性，养生美容花果知识等等，都曾风靡一时，以“人民日报”官微为代表的权威媒体分批次辟谣，成了公众绿色知识传播中的典型案例。生活中的绿色知识况且如此，专业领域的绿色知识传播更需要用更合适的方法，让公众在绿色知识的天空中自由翱翔。

（廖爱军）

第十六章　绿色宣传语

运用朗朗上口的宣传标语口号进行社会动员，是古今中外常见的传播作法。近年来，随着生态文明建设力度的不断加大，对于生态保护和绿色发展方面的宣传、教育实践活动蓬勃开展。绿色宣传语是传播普及绿色理念、动员公众参与生态文明建设的重要载体，在生态文明教育宣传中发挥着重要的作用。

一、绿色宣传语的分类

宣传语是指用简短文字写出的有宣传鼓动作用的口号。据一项网络调查显示，74.1%的受访者表示会注意身边的宣传语。绿色宣传语是运用凝练简洁的宣传标语口号对公众关于绿色环保行为和观念进行禁止、请求、告知或宣传等的语言形式，是向公众普及传播绿色理念，促使公众关注绿色，投身到绿色行动的重要传播手段，具有受众引导和社会动员等多重作用。

绿色宣传语内容丰富，既可以是对生态文明理念的启迪，也可以是具体绿色生产生活行为准则的规范，可涵盖生态文明建设的方方面面。如最常见的“小草有生命，足下请留情”“绿色屏障挡风沙，植树造林靠大家”“我是寸寸纤细草，请您走路绕一绕”，还有“珍惜自然资源，共营生命绿色”“合理利用土地，构建资源节约型社会”“控制全球变暖刻不容缓”等。根据创作目的和对象不同，绿色宣传语可以分为教育类、警示类、公益类等。

一是教育类。主要针对接受教育、正处于成长阶段的学生群体等受众，主要体现教育功能。例如“绿色伴书香，你我共成长”“人人参与，共建绿色校园”“美化校园环境，就是美化我们的纯真心灵”“营造绿色校园，争做环保使者”。而幼儿园的绿色宣传语则充满了浓浓的孩童气息，如“同花儿一起开放，和小树一起成长”“小草正睡觉，请你勿打扰”等。

二是警示类。警示类绿色宣传语旨在提醒公众应该参与到绿色行动中。如“发展经济不能以牺牲环境为代价”“保护环境就是保护生产力”“合理利用资源，保护生态平衡，促进经济持续发展”“建环保模范城市创美好幸福生活”“让天空永远湛蓝让绿荫拥护家园”“蓝天之下你我他优美环境靠大家”等。

三是公益类。绿色公益类宣传语的创作多源于各类和环保有关的公益机构，但也不乏个人、组织、企业出于公共福祉，动员大家参与绿色行动。如在社区常会看见“人美、街美、城市美，靠你、靠我、靠大家”“保护碧水蓝天，营造绿色家园”“手拉手创建生态区，心连心关爱新家园”等。又或在办公室里会看见“使用节能产品，倡导绿色消费”“节能减耗从我做起”等。

联合国环境规划署确定2014年6月5日世界环境日主题宣传语为“提高你的呼声，而不是海平面”，呼吁国际社会采取紧急行动，帮助小岛屿发展中国家应对不断增长的风险，尤其是气候变化。2014年“六五”世界环境日中国主题语“向污染宣战”。政府的绿色宣传语侧重于国家政策法规方面，如2014年6月8日至14日是我国第24个全国节能宣传周，由国家发展改革委等14个部门联合主办，宣传周的主题宣传语是“携手节能低碳共建碧水蓝天”。又如“保护环境是一项必须长期坚持的基本国策”“坚持科学发展观树立科学资源观”“城区污水全收集全处理是一项惠民环保的民生工程”等。

二、绿色宣传语的特点

从语言本身讲，绿色宣传语具有短小精悍、富有创意、易于传播、彰显绿色理念等诸多特点。其在字数上并无具体规定，通常依照主题需求、呈现位置、环境要求确定字数，多则50字，少则短短十字甚至更少。另外，由于绿色宣传语传达思想的凝练性，决定了无需太多的文字。因此为了加深受众的深刻印象，提高绿色理念的传播效果，宣传语都力求富有创意的语言来打动读者。如在河流边树立的宣传语标牌——“我是有生命的躯干，你是有德行的贤君”，字词对仗，音节押韵，既阐述了河流的重要性又警示了世人该如何行动，即为有德行教养的人就该尊重自然保护生命支柱——河流的纯净。字数不多，由此及彼，警示如钟声在心中回响。

从内容和传播上看，绿色宣传语具有社会性、公益性、生态性等特点。绿色宣传语的受众针对所有公众，具有社会性。绿色宣传语重在普及公众生态理念，具有公益性，围绕绿色生态而创作，且起点和结果都是着眼普及生态理念。以国家级生态示范区——衢州市为例，该市依托其优越的自然条件，树立了很多与生态自然有关的绿色宣传语，号召大家保护衢州现有的生态环境。如“生态森林城，人居新衢州”“绿色衢州，幸福之城”“神奇山水，名城衢州”“儒雅衢州，宜居之城”“百里生态长廊，千年人文衢州”等宣传语在衢州处处可见。

绿色宣传语。绿色宣传语用生动形象凝练的语言集中传播绿色理念，具有较强的社会动员传播效果，是生态文明教育宣传的重要组成部分。

对于国家生态文明建设政策法规的教育宣传是生态文明建设的重要方面。绿色宣传语虽然形式简单，但通过绿色宣传语可以加强生态文明宣传教育，增强全民节约意识、环保意识、生态意识，营造保护生态环境的良好氛围，是绿色宣传的重要组成。同时，采取富有感染力、号召力、亲和力、凝聚力的绿色宣传语，有助于政策法规的易于理解和记忆。如“环境保护是一项基本国策”“建设项目必须依法进行环境影响评价”“垃圾混置是垃圾，垃圾分类是资源”“绿色消费，消费绿色”等。这些充满绿色气息的宣传语以对仗、强调等表现方式，将国家的政策法规生动、简洁、明晰的呈现给公众，增强了生态文明理念的传播效果。

对于各种生态环保活动，宣传语往往是舆论建设的先行军。绿色宣传语的广泛动员性，营造了环保活动的舆论氛围，吸引了公众的关注，为后续活动的展开打下了扎实的舆论基础。如全国绿化委员会办公室和农业部联合在宁夏回族自治区固原市彭阳县首先广泛宣传“加强种草绿化，建设生态文明”，以加强对草原保护的宣传力度，努力营造全社会“爱绿、植绿、护绿”的良好氛围，后续通过各项互动式的演讲、知识问答、有奖竞猜、流动展车等一系列活动全面阐释了宣传语的深刻内涵，也围绕着这一宣传语展开了更为全面的普及活动，有效推动了环境友好型社会建设。

三、绿色宣传语的推广

公众参与是环境保护最有力的支持之一，是解决中国环境问题的重要途径。必须广泛开展全民环保科普活动，提高全民环境保护的自觉性。2002年《环境影响评价法》出台，对公众参与环评做出制度性规定；2006年3月，国家环保总局颁布《环境影响评价公众参与暂行办法》，这是中国环保领域第一部公众参与的规范性文件。在全面推进生态文明建设的新形势下，要关注绿色宣传语的推广实践。笔者从以下几个方面提出了自己的思考：

（一）持续推广与重点推广相结合

生态文明和绿色发展的宣传是一项长期工作，尤其在当前人们绿色环保意识不强的情况下更是如此。因而绿色宣传语的推广应常抓不懈，做到长流水不断线。从形式上要多途径长期结合，传统方式不可放弃，新型途径也要不断钻研。两者相互结合，坚持持续推广。

在坚持持续性推广的同时，也要在像“环保日”等生态环保主题日进行重点推广。江苏三部门联合印发《关于进一步加强全民环境宣传教育工作的意见》，意见指出把每年5月作为“企业环保服务月”，通过送发到企业、签订环保承诺书、发布企业环保宣言等活动，努力提高企业决策层的环保意识，让他们自觉遵守国家的环保法律法规，积极创建环境友好型企业。工业生产型的企业是绿色宣传语关注的重点，生产不免带来环境和生态的破坏，因此在生产过程中要格外注意。曾经，由联合国开发计划署和中国国家环保总局等单位联合主办的中国环境意识项目，公开向社会征集主题宣传语和标志，共收到来自全国各地的1515个宣传语和175个标志。“今天你环保了吗?”的口号被选定为中国环境意识项目的宣传语一等奖。

此外，在特定地点的宣传语还要有一定的针对性。如社区的绿色宣传语是针对居民的日常生活；校园的绿色宣传语主要是规范学生行为以及生态教育；旅游景区主要是针对游客等。对积极公众要注重理性教育、科技教育，注重公民的信念、理想、价值观、伦理观念教育、注意从与其切身利益有关的方面入手；对潜伏受众则从其生活环境周围的细节入手，通过危害警示进行潜移默化的影响。另外，由于不同地域的地形、气候、工业组成不尽相同，所以有的地方以污染为主，有的以生态破坏为主，污染的程度也不尽相同。所以环保宣传语对不同地区的环保和不同需求的受众的推广要有针对性。

（二）传统宣传方式与新媒体传播相结合

绿色宣传语要在巩固传统宣传途径的基础上，主动在微博、微信等新媒体上广泛传播，才能拓展辐射面，提高传播的效果。如，上海市徐汇区绿化管理局组织市民贡献绿色宣传语，同时配合建筑绿化分会的会员单位制作大量立体绿化的宣传展板，将绿色宣传标语用更立体的“舞台”展示出来，吸引了广大市民驻足关注。与此同时，40 多家媒体对活动争相报道，《新民晚报》《解放日报》《文汇报》《环球时报》《生活周刊》《劳动报》《东方早报》《建筑时报》《上海商报》《青年报》《新民社区报》《城市导报》等平面媒体全面聚焦活动，报道上海此次的宣传活动。活动当天，“空间绿控”的微博正式开通，并很快有了自己的粉丝。

传统媒体具有公信力和权威性。而新媒体时代下，每个人都在进行大众传播，受众的互动性大大增强，传播成本更低。二者各具优势，因此绿色宣传语的呈现形式和传播途径要充分利用二者。如利用新媒体的微信征集绿色宣传语，传播力更强，扩散面更广；利用墙体展现绿色宣传语，持久性更强；利用新媒体的新语言形式撰写绿色宣传语更会引人注意。传统宣传方式和新媒体相协作，既保持了绿色宣传语的新鲜感又增强了其传播效果。

四、绿色宣传语的创作

富有创意，朗朗上口，令人印象深刻的绿色宣传语往往能增强宣传效果，能过将绿色理念深入人心，引发热烈的响应。

（一）激发广泛的认同

绿色宣传语是宣传绿色的一部分，是连接公众认识生态的纽带之一。成功的绿色宣传语不仅能够激发公众对于美好环境的自豪感，还能够增强公众对于生活环境的认同感。因此绿色宣传语必须具有广泛性和认同性，广泛性体现在绿色宣传语能够拥有广泛的群众基础，即受到公众的支持与赞同；认同性体现在绿色宣传语能够彰显一个区域，一座城市，一个国家的人文精神，赢得国内外公众的认可。

（二）结合当地生态特色

绿色宣传语可以为一个地区立品牌、树形象提供有力支撑。每一个地区都有不同于其他地区的自然风光，由这种差异性形成的地区独特魅力就是绿色宣传语创作的源头。因此，绿色宣传语要重点把不同地区最诱人的自然凸现出来，使人由衷地产生出一种向往之情。比如云南省红河州为了让大家了解红河、熟知红河、记住红河，到红河旅游、到红河安家，红河州打出了“七彩云南的缩影，梯田文化的殿堂，过桥米线的故乡”的宣传语。哈尼的梯田文化堪称红河的第一大特点，蒙自过桥米线可谓红河的一张名片，这句宣传语点出了红河最具吸引力和代表性的特色。再如都江堰市的城市形象宣传语“拜水都江堰，问道青城山”就准确、传神地描述了都江堰市独有的旅游资源，把都江堰市独一无二的自然魅力展示出来。

（三）体现人文关怀

绿色宣传语一方面具有明确的目的性和倾向性，另一方面又具有鲜明的时代特征和行业色彩。现如今，时髦的“淘宝体”“凡客体”在交通、警情、环卫提示中频繁亮相，受到人们的热烈追捧和广泛好评。究其根源，则在于这种语言契合老百姓的期许；即使是细节上的小小变革，也能够触动公众的热烈响应。目前亲民化的宣传语多是在网络上看到的，现实生活中更多的还是硬性宣传语。

目前，绿色宣传语存在语言枯燥乏味、模式单一、语调冰冷等问题，如“谁烧山，谁坐牢”“大力提倡（掀起、开展、提高、推动、进行）”等；有的多用教训口吻，如“严禁摘花（扔纸、吐痰、小便），违者罚款!”。如山东威海是全国著名的园林城市。过去园林管理部门在草坪、花坛中插满了“严禁入内”“违者罚款”等生硬的警示牌，但这些警示牌却没有挡住一些市民的脚步。市园林管理部门的负责人感到城市园林管理需要全体市民的参与，文明行为应当用文明语言来规范。于是他们组织人员字斟句酌，编写了十几条绿色宣传语。如“小草正在成长，请勿打扰”“足下留青”“爱比花红，情比绿浓”。这些绿色宣传语成为威海市区的一大景观。徜徉在威海市的广场绿地、街心花园给人以温馨爽目的感觉。这样动之以情，晓之以理的新鲜文字，增强了绿色宣传语的效果。

（四）翻译宣传语不可脱离文化背景

宣传语的翻译是跨文化交际行为，不仅涉及语言问题，还涉及文化问题。要很好地翻译出这些绿色宣传语，必须植根于其所处的文化背景。两个民族的审美文化差异会使译本产生不同的经验感知，因此在进行译文审美选择时，要兼顾两种语言文化的魅力特点。

如香港环境保护署统筹的一个环境保护项目“蓝天行动”的一则环保宣传语——“全城投入，为蓝天打气”。该则口号的真正目的应在于为香港居民创造一个更好的生活环境，最终目的在于人。保护环境，首先当然是有利于环境本身的可持续发展；其次，对居住于该环境中的人有益处，推而广之，造福后代。可见，人才是重心所在。因此可以翻译为“Clean air for a cool Hong Kong”！

随着环境的加剧恶化，绿色宣传语的研究已被提上日程，绿色宣传语是一项长期、细致的工作。它不同于工业宣传、经济宣传、娱乐宣传，有一定的公益性质，所以要结合其自身的特点和制约因素制定实施方案，同时应该溶入更多的人文、情感、科技因素，结合时代特征，更好地完成制造舆论、引导舆论的功用。

（曹　宇）

第十七章　绿色文学

绿色文学有着丰富的内涵，其类型多样，表现形式各异。绿色文学的不断发展壮大，与生态文明的时代呼声形成共鸣。绿色文学以其对人类中心主义的超越，彰显了绿色审美、履行了文学的绿色责任，必将不断振兴壮大，成为生态文明建设鼓与呼的主力军。

一、绿色文学的定义与概念

绿色文化是人类为适应环境而创造的一切以绿色植物为标志的文化，包括采集狩猎文化、农业、林业、城市绿化以及所有的植物学科等；从广义上讲，绿色文化是人类与自然环境协同发展、和谐共进并能使人类实现可持续发展的文化，包括持续农业、生态工程、绿色产品、绿色包装、绿色消费、绿色交通、绿色文学等。从这个意义上讲，绿色文学是生态文明发展到一定阶段，是绿色文化在文学领域彰显和扩大的产物，是文学绿色化的具体体现。绿色文学最初起源于美国。例如美国先验主义文学大师梭罗就以其《瓦尔登湖》深刻地影响着美国人对自然的看法，被誉为绿色文学的重要先驱者。

同时，绿色文学是绿色文化在文学领域的应用和具化，反映的是人与自然协调发展的情怀、追求、思考和总结，是人类用文学的方式来展现对环境的忧思、对生命的关怀、对生态的追求。因此，文学的理论和绿色的原则是绿色文学的精髓，人在绿色发展和可持续发展追求中的作用、经历、情结和行为是绿色文学研究的核心。

在学术界的研究中，绿色文学的概念从产生、丰富、衍变到不断被接受，是一个随着实践发展、时代转型和传播方式不断创新而逐渐发展演化的过程。与绿色文学相似的，还有“生态文学”“环境文学”“环保文学”“自然文学”等。无论名称怎么叫，都凝聚了大家对绿色文学的认可，也是绿色文学广泛参与和接受的直接表现，这是绿色文学发展的社会基础。

二、绿色文学的类型与形式

绿色文学是文学的绿色化，其发展基础是文学的现代化与时代化，她的内核是生态文明的绿色化与多元化。从这个意义上讲，绿色文学有着极其丰富的内涵和博大精深的形态，并随着创作条件的变化而不断推陈出新，丰富拓展。

简单地讲，绿色文学包含那些以文学的绿色化为内容的诗歌、小说、散文、戏剧、电影、电视、童话、寓言、故事、楹联等，体裁千差万别，风格多种多样。在文学创作实践中，绿色文学的内容涉及了绿色化和环境保护、人与自然和谐相处的各个领域，如动物、植物、森林、土地、荒漠、湿地、大气、水体等自然本体。绿色文学一定是围绕这些自然本体，从感悟自然与生态整体观的缺失、展现危机与文化批判的不足出发，真正从人类绿色发展的立场出发，以人性绿色审美的世界观审视现代社会，并以作品本身的绿色魅力在文学领域产生新的重大的影响。

围绕这些领域，绿色文学以丰富多彩的体裁适应并满足了不同年龄层次、不同文化背景、不同职业素养和不同经历阅历的人们的需要。艺术通过文学的绿色化实现了崭新的跨越和变化，他们或以深邃高远的立意追求、或以曲折动人的故事情节，或以鲜明生动的艺术形象，或以绚丽多彩的语言描写，或以奇特丰富的艺术想象，多元化、多载体、多侧面、多角度地表现文学的绿色化主题，揭示人与自然、环境与发展、绿色与社会的内在联系与丰富内涵，使读者在较为轻松愉快的阅读和欣赏中，探索了自然的真谛和绿色的意义，琢磨并掌握了绿色发展的意义和精髓，达到个体体验、心灵感化和灵魂共鸣的目的。安徽人民出版社于2012年出版了绿色经典生态文学丛书，共推出约翰·巴勒斯、玛丽·奥斯汀、约翰·缪尔三位美国经典生态文学作家的著作共14种，为生态文学、生态批评、生态美学乃至整个生态思想文化研究提供了重要的对象和素材。

三、绿色文学的意义与作用

文学是人学。绿色文学对文学艺术和绿色发展都具有重要而又现实的巨大影响。在自然生态灾难造成人类生存危机、在反思发展模式开始寻求绿色发展、在摒弃人定胜天的思维中追求人与自然和谐共生中应运而生的绿色文学，标志了文学主题的一次重大扩展和转换、一次重要升华与创新。向来被文学理论和文学创作实践掩盖在社会问题后面的自然问题、发展问题、社会问题、心灵问题等一系列复杂的人生问题，终于走向了文学艺术的前台，人与自然的关系、人与发展的关系问题重新步入文艺殿堂，文学的绿色化开启了现代文学理论与实践的新篇章。

随着社会和实践的发展，绿色文学以及由它衍生的相应范围内的哲学、社会学、历史学、美学和文艺批评理论等构筑了绿色文学发展的系统理论，她更加注重人同绿色的系统整体观，把人本主义与自然主义、绿色主义有机地结合起来，彰显了绿色发展的时代人对可持续发展原则的不懈坚持与执着追求。可以说，绿色文学的产生，给当前的文学存在所面临的危机带来了新的发展生机、拓宽了新的研究领域、注入了新的发展动力。绿色文学作为后现代的一种艺术文化，同其他一些后现代文化一样，表现出对“现代主义”文明的反思同时，聚焦绿色主题为人类社会的绿色共同发展涵养了力量、坚定了信仰、砥砺了初心。

四、绿色文学的创新与发展

尽管中国绿色文学发展取得了长足的进步，但是仍需处理好发展的隔膜性、辐射的薄弱性等现实困境。绿色文学是社会化大生产和物质基础发展到一定阶段，人们在发展模式上寻求思索和变革之际而逐渐产生的一门生态化艺术，起步就对受众的文化基础、社会基础和思考深度乃至人生终极关怀都有着专业化的要求。加之，绿色文学的传播目标与文学一般意义上的审美属性或多或少有着直接或间接的冲突，绿色文学的终极忧虑与人类现实生存之间的矛盾是造成这种困境的内在因素，绿色文学的宏大主题及期盼价值与它的实际效应仍存在着较大的距离。文学离不开传播，绿色文学在传播流程中也同样存在信源的权威性和可信性不足、刊载媒介影响力弱、信息过载、新媒体以及融媒体传播手段不适应等问题，这在一定程度上限制了绿色文学的发展与创新。

传统的文学界，一度以政治观念为主导。绿色文学是以社会观念为主导，如何不断创新地提供这两个乃至多个主导性的转换既无缝对接又有机融合的作品，是一大难题。绿色文化是时代和文学相互融合的内生产物，她肇启于19世纪末，在人类社会的主流意识形态话语强有力的控制下，文学界热忱地关注政治与改革，反思现代化与人道主义，忙碌于文本探究和各种盛行主义的种种学说，沉浸于此起彼伏的形式与方法更新的思潮中，生态问题的文化和文学的绿色化，根本没有能够引起文学界、社会界的重视，可以说一直被搁置于边缘地带。人类进入后工业文明以来，随着工业化和城镇化的蓬勃发展，文学的形态和受众的构成也发生了天翻地覆的变化，文学审美与文学欣赏的专业化、世俗化在时尚消费和物欲横流的冲击中发生了功能性畸变与衰减。从创作供给看，绿色文学缺乏像对政治作品那样强有力的扶植，更不如占有高收视率的明星那样受器重，较好地融合政治观念、社会观念的作品创造更是难之又难。加上，绿色文学的受众和读者需要不断创新、易于获取、急于应用的功利性，反而催生了绿色文学的急躁与冒进发展。因此，好的内容才是创作实绩、理论探求乃至氛围营造、营销创新的前提与基础。

绿色文学的背景性、语言性特征在结合的可行性、在现实语境中的可接受性以及如何在批判中与已有的观念在均衡中融合存在着一定的局限性。文学是人类精神生活浓缩，它表现了人类对自由、美好、健康的生活的向往。绿色文学更是如何，文学的绿色化如何在物质化、工具化统治一切的现代语境中，展示创作者和受众独特的思考、行为空间其运行模式，以及最大程度地挥洒自由、昂扬的心灵，这都是绿色文学需要在实践中不断冲破的局限。

另外，一切以科学为标准的时代，文学的施展空间是狭小的，可施展的能量也是有限的。绿色文学也面临同样的难题，在批判以人类为中心的物质文明的发展时如何体现人的能动性而不至于将人降到一般物的水平也就是在论证人与自然和谐一体关系时如何协调人的自然性与社会性的关系在科学话语图腾化，绿色文学必须做出较为妥帖的回答。本质上，绿色文学提倡的是一种新的诗意与田园价值建构，一种新的心灵庇护和情感寄托的框架，这不可避免地遭遇到现代城市文明与新型工业化时代强势话语的坚决抵制。

（秦国伟）

后　记

岁月如梭……

此书从策划到出版，一晃就几年过去了。由于各种主客观因素，出版时间延迟了。

但是这并不妨碍此书价值的体现。在飞速发展变化中，绿色文化建设也取得了长足进步，但依然有些问题并不十分清晰。因此有研究的必要，更有继续研究的必要。

此书是北京林业大学绿色传播研究中心的阶段性成果之一。参与此书编撰的人员主要有两部分组成。一是工作中的同事。大家在百忙中拨冗参与课题研究，完成了各自负责的文稿；二是我的学生们。他们在学习期间参与了大量工作。除了文后的署名者外，还有夏宇鹏、肖瑶、庞一楠等。田阳对书稿进行了统筹。在此，一并向为此书问世做出贡献的人表示诚挚的谢意。

由于时间、精力、水平等原因，书中尚有不尽人意之处。敬请诸位读者不吝赐教。

北京林业大学绿色传播研究中心是全国唯一的绿色传播研究机构。绿色文化传播是中心研究的重中之重。中心将进一步加大力度，力争多出成果，推动我国绿色事业的发展。

北京林业大学是绿色文化的摇篮，广大师生员工是传播绿色文化传播的使者。书稿付梓之际，谨向这所极富文化底蕴的绿色学府致敬，谨向每一位为绿色文化默默耕耘的师生员工致谢！

久旱的京城下了雨。

绿色的校园更加美丽。

雨过天晴，岁月静好。

绿色文化随同校园里的草木一起生长。

铁　铮

2018 年 5 月 16 日